Kurt Singer

Verhindert die Schule das Lernen?

D1869329

Zu diesem Band:

Die Schule kann das Lernen verhindern, wenn sie grundlegende seelische Lernbedingungen mißachtet. Nach günstigen Lernbedingungen können wir mit Hilfe einer »Wissenschaft vom Menschen« fragen, die in unsere Schulen noch kaum Eingang gefunden hat: der Tiefenpsychologie. – Die Psychoanalyse als kritische Wissenschaft schärft den Blick für festgefahrene unbewußte Verhaltensweisen. Sie ermöglicht dem Erzieher, sein Tun selbstkritisch zu verfolgen und neue pädagogische Handlungsmöglichkeiten zu entdecken.

Kurt Singer

Verhindert die Schule das Lernen?

Psychoanalytische Erkenntnisse als Hilfe für Erziehung und Unterricht

2. Auflage

Ehrenwirth Verlag München

CIP-Kurztitelaufnahme der Deutschen Bibliothek

Singer, Kurt
Verhindert die Schule das Lernen?:
Psychoanalyt. Erkenntnisse als Hilfe
für Erziehung u. Unterricht.
2. Aufl. - München: Ehrenwirth, 1976.
ISBN 3-431-01529-8

ISBN 3-431-01529-8
In Zusammenarbeit mit der TR-Verlagsunion GmbH München
© 1973 by Franz Ehrenwirth Verlag GmbH & Co. KG München
Ohne ausdrückliche Genehmigung des Verlages ist es nicht gestattet,
das Buch oder Teile daraus auf irgendeinem Wege
(fotomechanische Reproduktion, Fotokopie, Mikrokopie, Xerographie u. a.)
zu vervielfältigen.
Einbandgestaltung: Walter Rupprecht, München
Druck: Presse-Druck Augsburg
Printed in Germany 1976a

Inhalt

Vorwort zur 1. und 2. Auflage

Die Schule tut in mancher Hinsicht das Gegenteil von dem, was sie bewirken sollte: sie fördert das Lernen nicht, sondern sie verhindert es. – Aber was ist das Lernhemmende an der Schule? – Auf diese Frage möchte ich einige tiefenpsychologisch begründete Antworten geben.

Die Psychoanalyse, als Lehre vom Unbewußten und von der seelischen Entwicklung des Menschen, trägt viel zum Verständnis von Kindern und Jugendlichen bei. Manche Verhaltensweisen von Schülern und Lehrern werden durchschaubar, wenn wir sie tiefenpsychologisch betrachten.

Dieses Buch soll Schülern und Studenten, Lehrern und Erziehern helfen, in den täglichen Unterrichtssituationen das psychische Geschehen aller Beteiligten besser zu verstehen. Es zeigt an Beispielen die psychoanalytische Kritik an der Schule auf. Aus den Überlegungen erwachsen neue Handlungsmöglichkeiten, schulische Erziehung und schulischen Unterricht so zu gestalten, daß sie nicht seelisch krankmachend wirken.

Die vorliegenden Aufsätze sind zu einem Teil überarbeitete Vorträge, die ich im Bayerischen Rundfunk gehalten habe. Es waren sieben Sendungen unter dem Titel »Schulunterricht und Psychoanalyse«. Die hier veröffentlichten Beiträge bringen Tatsachen, Fragestellungen und Vorschläge für alle, die daran interessiert sind, die Schule partnerschaftlicher, psychisch gesünder und damit lernwirksamer einzurichten.

1973/1976 *Kurt Singer*

1. Hemmen die Schulen das Lernen?

Psychoanalytische Aspekte der Schulpädagogik

Psychoanalyse – als Lehre vom Unbewußten und von der Entwicklung des Menschen – versucht seelische Vorgänge zu erfassen und zu erklären. Somit kann sie auch für das Lernen in der Schule Einsichten bereitstellen. Aber diese Einsichten sind oft kränkend; sie machen es dem Lehrer unmöglich, die Schuld für Schulkonflikte ausschließlich beim Schüler zu suchen. Psychoanalytische Überlegungen führen immer zu einer unbequemen kritischen Auseinandersetzung mit sich selbst. Sich selbst in Frage zu stellen, sollte zwar eine hervorstechende Eigenschaft des Erziehers sein; wir wissen, daß sie es oft nicht ist.

Die Psychoanalyse hat aufgezeigt, wie bedeutsam die Umwelt für die kindliche Entwicklung ist. Die frühen Lebensjahre sind entscheidend. Aber auch während der Schulzeit ist das Kind noch so beeinflußbar, daß seine Lebensgeschichte von der Umwelt Schule mitbestimmt wird.

1.1. Seelisch krankmachende Vorgänge im Schulunterricht

Beispiel: Eine Schülerin wird herzkrank und gehemmt

Nehmen wir das Schulerlebnis einer Frau, die sich wegen seelischer Schwierigkeiten in psychotherapeutische Behandlung begab. Das Beispiel soll zeigen, wie der Lehrer zum Schicksal werden kann – ohne etwas von seinem schicksalhaften Eingriff zu ahnen. Die Patientin berichtet von ihren sogenannten nervösen Herzbeschwerden und ihrer körperlichen Ungeschicklichkeit und Gehemmtheit. In diesem Zusammenhang erinnert sie sich an eine Unterrichtsstunde, die ihr Leben beeinflußt hat. Lassen wir sie selbst berichten:

»Ich war im Turnen nie besonders gut. Aber diese Turnstunde war ein richtiger Schock für mich. Ich war damals etwa dreizehn Jahre alt. Die Lehrerin hatte Strafturnen angeordnet, weil die Klasse laut war. Strafturnen hieß: Jeder mußte vorturnen für Noten. Als ich das hörte, hat sich in mir alles verkrampft. Ich kam mir wie erstarrt vor, weil die Lehrerin so eisig war. So kam ich an den Barren. Ich sollte die Fechterflanke machen. Natürlich zitterte ich und machte eine jämmerliche Figur. Die ganze Klasse hat zugesehen; sie hat zwar nicht gelacht, aber ich spürte den versteckten Spott, besonders der Lehrerin. Es war eine gräßliche Situation; ich hing am Gerät und versagte; dafür bekam ich dann eine Sechs. – Ich fühlte mich an den Turngeräten immer hilflos und ausgeliefert. Aber so schlimm wie in dieser Stunde – unter den eisig-spöttischen Blicken der Lehrerin – war es noch nie. In diesen Augenblicken hat sich in mir etwas festgesetzt für mein ganzes Leben: ›Ich will nicht mehr turnen. Ich werde nie mehr turnen.‹

Ich bin dann zum Arzt gegangen und sagte, ich hätte Herzbeschwerden; es sei wohl – ich weiß nicht, wie ich darauf kam – ein Herzklappenfehler. Ich hatte so etwas mal gehört. Der Arzt horchte mich ab und schrieb mir eine Bescheinigung, daß ich nicht mehr mitturnen kann. – Auch in den folgenden Klassen verstand ich es, eine ärztliche Bescheinigung zu bekommen, obwohl kein Anhaltspunkt für einen Herzfehler vorlag. Meine Angst vor dem Turnen war zu groß, als daß ich es hätte nochmal wagen können.

So hatte ich während meiner ganzen weiteren Schulzeit – den sechs Jahren bis zum Abitur – keine einzige Turnstunde mehr. Ich habe das einerseits genossen, wie ich so an meinem Herzfehler festhalten konnte. Es war, als hätte ich mir gedacht, ich suche mir das Herz aus zum Krankwerden. – Seit dieser Zeit fühlte ich mich jedoch mehr und mehr gehemmt in den Bewegungen. Und ich fühlte mich wie im Turnen außerhalb der Gemeinschaft stehend. Außerdem fand ich, ich sei so dick und häßlich.«

Sicher hat die Lehrerin diese Bewegungshemmung und deren psychische und körperliche Folgen bei der Patientin nicht allein verursacht. Aber wenn wir uns vorstellen, wie die Schwierigkeit hätte anders gelöst werden können, wird deutlich: Die Lehrerin hat das Schicksal eines Kindes in diesem Lebensbereich zum Schlechten gewendet.

Die Psychoanalyse versucht nicht nur aufzudecken, wie bestimmte Erfahrungen sich auf das Kind auswirken. Sie lenkt den Blick auch auf den Lehrer selbst mit seinen psychischen Konflikten. Was geht eigentlich vor in ihm, wenn er ein Kind mit eisiger Miene oder mit spöttischem Blick oder mit höhnischem Lachen oder mit einer die Hoffnungslosigkeit des Falles ausdrückenden Handbewegung am Reck oder am Barren hängen sieht. Und was geht vor in ihm, daß er überhaupt darauf besteht, daß dieses Kind den Bauchaufschwung oder die Fechterflanke machen muß. – Die Lehrerin in unserem Beispiel hat – ohne daß sie es wußte – Schicksal gespielt. Und diese Unwissenheit ist so fahrlässig, wie wenn ich einen an Pocken Erkrankten in eine Schulklasse setze.

Diese Schülerin hat das Turnen »verlernt«. Wir wissen, daß andere Mathematik, Englisch, Zeichnen, Deutsch »verlernen«, wenn Lehrer nichts davon wissen, wie entscheidend das gefühlsmäßige Umfeld den Lernvorgang fördert oder hemmt. Daß von solchen Tatbeständen, die die Psychoanalyse aufdecken und belegen kann, Lehrer nichts oder zu wenig erfahren, ist grob fahrlässig.

1.2. Gefühls-Klima und Lernen

Beispiel: Angst macht dumm

Wie sehr Angst vor Lehrern und Schule den Lernvorgang stören kann, hat beinahe jeder Mensch an sich erfahren. Freilich wurden daraus noch zu wenig Folgerungen für das schulische Lernen gezogen. – Der Psychoanalytiker *Zulliger* hat das Wort geprägt »Angst macht dumm!« – Er berichtet von einer scheinbar schwachsinnigen Schülerin. Sie stand im siebten Schuljahr und galt als intellektuell minderwertig. Das vierte Schuljahr hatte sie wiederholen müssen; jetzt hätte sie eigentlich wiederum nicht versetzt werden sollen. Das Mädchen war äußerst scheu und hatte Angst vor der Schule – vor Lehrern wie auch vor den Mitschülern. Nun kam sie zu einem Lehrer, der verständnisvoll mit ihr umging. Er erkannte das Wenige an, das sie richtig machte, und war mit negativer Kritik zurückhaltend. Er hob im Gespräch mit der Schülerin hervor, was gelobt werden konnte; die Mängel stellte er fest, ohne das Mädchen herabzusetzen; er zeigte ihr Wege, wie sie ihre schulischen Rückstände nach und nach aufholen konnte, und war darauf bedacht, sie in die Klasse mit einzubeziehen und nicht als »Dumme« abseits stehen zu lassen; er bemühte sich um persönlichen Kontakt. – Diese neue Behandlung durch Lehrer und Mitschüler veränderte die Schülerin im Laufe des Schuljahres – zum großen Erstaunen von Eltern und anderen Bezugspersonen. – Die Schülerin ging nun gern zur Schule und saß eifrig hinter den früher verhaßten Hausaufgaben. Am Ende der Schulzeit gehörte die »intellektuell minderwertige«, scheinbar schwachsinnige Schülerin zu den Guten der Klasse. Auch in ihrem späteren Beruf sah ihr niemand mehr an, daß sie einst als »Schwachbegabte« galt. Ihrem Lehrer schrieb sie einmal: »Bis ich zu Ihnen ins siebte Schuljahr kam, hatte ich Angst vor der Schule und glaubte, ich sei dumm. Alle Lehrer sagten mir dies auch. Ich glaubte es, ebenso glaubten es meine Eltern. Bei Ihnen und meinen neuen Kameraden änderte es sich . . .« (nach *H. Zulliger* 1966, S. 37)

Sicher gibt es zahlreiche Kinder in unseren Schulen, die durch Angst »dumm« werden. Dabei gäbe es ein Heilmittel für diese »Dummheit«: das gute gefühlsmäßige Einvernehmen zwischen Lehrern und Schülern. Der partnerschaftliche Kontakt ermöglicht dem Schüler, seine intellektuellen Fähigkeiten zu entwikkeln; in einem gemeinschaftlichen Lernklima faßt er rascher und leichter auf und kann das Gelernte besser behalten.

Angstmachen galt immer schon als primitivstes Mittel der Erziehung. In manchen Schulen aber gehört das Angstmachen heute noch zur festen Einrichtung: Angst vor Schulaufgaben, vor überraschend gegebenen Proben, vor einem plötzlichen Aufgerufen- und Bloßgestellt-werden; Angst, vor der Klasse blamiert, mit einer mißglückten Leistung lächerlich gemacht zu werden; Angst vor der öffentlichen Bekanntgabe von Zensuren; Angst vor dem Notenbüchlein des Lehrers. Der sogenannte »heilsame Schrecken«, den manche Lehrer den Schülern einjagen wollen, dieser »heilsame Schrecken« ist sehr oft »heillos«.

Wenn wir also danach fragen, ob unsere Schulen das Lernen hemmen, dann können wir sagen: Mit Sicherheit tun sie das dort, wo eine Atmosphäre vorherrscht, in der Kinder nicht angstfrei arbeiten können.

1.3. Unbewußte Konflikte des Schülers

Beispiel: Ein »Schmierer«, der seine Schmutz-Impulse nicht verarbeiten kann

Natürlich kommen viele Schüler mit Schwierigkeiten in die Schule, für die Lehrer und Schule nichts können. Aber die Schule neigt dann dazu, die Schwierigkeiten einfach zu unterdrücken. Die Psychoanalyse zeigt jedoch, daß das Unterdrücken von Antriebsimpulsen niemals zum Erlöschen unerwünschter Antriebe führt, sondern zur Verdrängung – mit der Folge psychischer Fehlentwicklung. – Ich möchte das an einem allen Lehrern und Erziehern bekannten Beispiel aufzeigen.

Es gibt Schüler, die sich ständig mit Tinte beschmieren, mit

Kugelschreiber »tätowieren«, deren Schrift schmierig und verkleckst ist. – Trotz aller Ermahnungen und trotz guten Willens der Kinder läßt sich an diesen Schmierereien oft wenig ändern. Die Schüler sind selbst von ihrer unsauberen Schrift bedrückt und reißen immer wieder Blätter heraus; aber auf dem neuen Blatt verwischen und klecksen sie bald wieder. Diese Kinder reparieren auch immerfort ihre Füllhalter und Kugelschreiber und haben davon wiederum ständig beschmutzte Hände.

Wenn der Lehrer solche Eigenheiten nur vordergründig betrachtet und bestraft, ist dem Kind damit wenig geholfen. Er sollte vielmehr überlegen, welcher Konflikt hinter einer störenden Angewohnheit stecken kann. Bei Schmierern war häufig die Reinlichkeitserziehung problematisch: nämlich zu früh und zu streng. Diese Kinder konnten die Periode, in der sie Lust daran empfinden würden, mit ihren Fäkalien zu spielen, nicht gesund durchleben. Sie durften ihr »Schmutzbedürfnis« – etwa durch Spielen mit Wasser und Sand – nicht befriedigen und blieben so dieser Entwicklungsphase verhaftet. Ein Ausdruck davon kann die Unfähigkeit sein, ein Heft zu beschreiben, ohne dabei zu schmieren, zu klecksen und sich selbst ständig schmutzig zu machen.

Wir verstehen, daß der Tadel des Lehrers nichts nützen kann, weil der Schüler eine frühkindliche Einstellung nicht überwunden hat. Hier kommen wir nicht umhin, erst einmal die von früh her unterdrückte Freude am Schmutz abreagieren zu lassen – etwa durch Spielen mit »Dreck«, Sand, Lehm, durch Fingerfarbenmalen und dergleichen mehr. – Freilich ist der Lehrer kein Psychotherapeut. Aber das Wissen um tiefenpsychologische Einsichten läßt ihn verständnisvoller handeln; er wird dann störende Erscheinungen nicht gleichsetzen mit bösem Willen des Schülers. Und er wird verstehen, daß es sich in solchen Fällen nicht darum handeln kann, den Schüler ständig zu ermahnen, er solle sich doch zusammennehmen.

Viele sogenannte schlechte Angewohnheiten des Schülers – wie Nägelbeißen, Zappeligkeit, Ticks – entspringen einer seelischen Fehlentwicklung. Bei Stottern, Einnässen, Angstanfällen ist das inzwischen auch Lehrern bekannt. Aber andere neurotische Verhaltensweisen werden immer noch als schuldhaftes Nicht-Wollen des Schülers gesehen. Ein Lehrer kann in vielen dieser Fälle zwar nicht helfen; aber er kann sich verständnisvoller verhalten und den Eltern den Weg weisen zum Erziehungsberater, Psychagogen oder Psychotherapeuten.

1.4. Unbewußte Konflikte des Lehrers

Beispiel: Die Lehrerin lehnt in einer Schülerin ihr eigenes Ich ab

Wenn der Lehrer selbst unter unverarbeiteten psychischen Konflikten leidet, ist die Gefahr besonders groß, daß das Lernen der Schüler behindert wird. Der Psychoanalytiker *Meng* bringt ein Beispiel, das die Problematik der gefühlsmäßigen Situation des Lehrers im Unterricht zeigt: nämlich die Gefahr, daß er seine Affekte an den Schülern abreagiert, ohne es zu wissen. Eine Lehrerin berichtet in einer psychoanalytischen Stunde von ihrer Haltung einer Schülerin gegenüber (*H. Meng* 1961, S. 77):

»Eliane, dreizehn Jahre alt, war ein riesenhaftes Mädchen, genau wie ich selbst im gleichen Alter (ich habe unbeschreiblich daran gelitten, daß ich ein solcher Trampel war). Noch mehr, es war ein naives Kind, gutwillig, bereit, sich Menschen anzuschließen, gefühlsvoll, kurz, genau das ›gute‹ Mädchen, wie ich es in ihrem Alter war. Ich konnte sie absolut nicht ausstehen: ohne geradezu ungerecht gegen sie zu sein . . . demütigte ich sie und duckte ich sie unaufhörlich. Das heißt, ich unterstrich alle ihre Versehen, die Albernheit all ihrer guten Absichten, die Dummheiten, die so gut gemeint waren. Was mich so außer mich brachte, das war gerade ihr guter Wille, ihre gewissenhafte Arbeit, ihre ungeschickte Freundlichkeit. Trotz meiner Anstrengungen, meine Antipathie zu verheimlichen, hat sie sie sehr wohl begriffen und schließlich meinen Kursus aufgegeben.

Wenn ich sie so schlecht behandelte, dann darum, weil sie mich dadurch zur Verzweiflung brachte, daß sie mir selbst zu sehr glich. Sie war genau das Kind, das ich in ihrem Alter war. Der Haß, den ich gegen sie fühlte, richtete sich nicht gegen sie, sondern gegen mich, mein Ich von damals. Nicht sie war es, die ich haßte, sondern mich selbst, weil ich ein so trampliges, häßliches Mädchen war, das niemand lieben würde; die ich haßte für ihre guten Eigenschaften, die zu nichts nütze waren und die niemals irgend jemandem auch nur ein bißchen Liebe eingeflößt haben . . . Die Fallen, die ich ihr stellte, wollten besagen: Es ist nicht erlaubt, so zu sein; so verstehe doch, was los ist, du kleines Unglück, anstatt dieses idiotische Vertrauen in das Leben zu haben.«

Die Lehrerin konnte ein Kind nicht ausstehen, empfand eine unüberwindliche Antipathie gegen es, weil sie einen eigenen Konflikt aus der Kindheit nicht verarbeitet hatte. Wir können verstehen, daß dieses Mädchen bei der Lehrerin nicht mehr lernen konnte. Aber wann ist es Schülern schon möglich, in solch einer Situation den Lehrer zu wechseln? Die Lehrerin in unserem Beispiel hat einem Kind unbewußt eine Rolle zugewiesen. Diese Rolle entstammte ihrem eigenen Selbst. Sie nahm das Kind als Ersatz für eine Seite an sich, die sie selbst haßte. Die Antipathie gegenüber der Schülerin galt ihrem eigenen Ich von früher; die Schülerin wurde zum Sündenbock der Lehrerin.

Für den seelischen Gesundheitsschutz im Schulalltag müssen wir fordern, daß Lehrer mehr als bisher über die Bedeutsamkeit solcher unbewußten Konflikte für den Unterricht erfahren. Schon das Wissen um tiefenpsychologische Tatsachen kann den Lehrer dazu bringen, selbstkritischer zu sein und Möglichkeiten wahrzunehmen, sich stärker mit seinen persönlichen Schwierigkeiten auseinanderzusetzen. – Psychohygiene in der Schule müßte aber in vereinzelten Fällen so weit gehen, daß psychisch schwer kranke Lehrerpersönlichkeiten nicht mehr unterrichten dürfen, sondern einen anderen Aufgabenbereich zugewiesen bekommen.

1.5. Die schulische Umwelt als Lernhindernis

Beispiel: Die Überbetonung von Ordnung und Sauberkeit

Die Schule kann zum Lernhindernis werden, wenn sie eine Lernumwelt darstellt, in der kein Raum für kindliche Spontaneität ist. – So macht die psychoanalytische Entwicklungslehre zum Beispiel deutlich, wie wichtig für das Kind der Umgang mit der formbaren Masse – mit Ton, Lehm, Dreck, mit Fingerfarben und dergleichen ist. Die Entwicklungsphase, in der diese Antriebsimpulse besonders stark sind, liegt zwar vor dem Schuleintritt. Aber der Wunsch nach unmittelbarem Umgang mit dem Stoff ist weiterhin sehr kräftig. Der normale Schulbetrieb jedoch mit seiner überspitzten Hochschätzung der Sauberkeit muß das unbefangene Lernen stören. Die Schüler

sollen »sauber« schreiben – und das am besten vom ersten Schultag an; sie sollen ihre Hefte »sauber« führen und natürlich »saubere« Bücher haben, die zu diesem Zweck »sauber« eingebunden werden müssen. Ein Buch schön einzubinden und reinzuhalten, stellen manche Lehrer über den unmittelbaren Umgang mit dem Buch: Zu diesem unmittelbaren Umgang gehört zum Beispiel, daß man etwas anstreicht, etwas kennzeichnet, etwas hervorhebt, um es sich besser einzuprägen; daß man also wirklich arbeitet mit einem Buch. Aber dieses Lernen mit dem Buch wird in vielen Schulen verhindert, weil die Bücher »saubergehalten« werden müssen.
Der Lehrer achtet ganz besonders auf »saubere« Sprache. Nicht nur, daß in der Schule Kraftwörter und Gassenausdrücke unschicklich sind. Lernhemmender ist, daß Dialekt und Haussprache des Kindes verfrüht aus der Schule verbannt werden: »Das kannst du aber viel schöner sagen« oder »Wer sagt mir da ein schönes Sätzchen«. Man behauptet dann, dialektsprechende Kinder könnten sich nicht genau ausdrücken. Sie könnten es schon, wenn wir ihnen nicht zu früh eine Norm des Sprechens aufzwingen wollten und sie damit im Sprechen mehr hemmen als fördern würden. Wenn der Lehrer darauf achtet, *was* der Schüler aussagt, trägt er sicher erfolgreicher zur Sprachbildung bei als durch das formalistische Hinweisen darauf, *wie* dieser es sagen soll.

Ein anderes Beispiel für die lernhemmende Wirkung der Schule haben wir in der Einschränkung des Bewegungsdranges zu sehen. Die Psychoanalyse lerngehemmter Schüler und Studenten zeigt immer wieder, wie die Behinderung der kindlichen Bewegungsimpulse zu Intelligenzhemmung und Schulversagen führen kann. Wir müssen daher annehmen, daß die Bewegungsfeindlichkeit der Schule die Lernleistung vermindert. Stundenlanges Stillsitzen, wenig Turnen und Sport, bescheidene Möglichkeiten der aktiven Mitarbeit im Unterricht (schon durch die hohen Klassenziffern), paarweises Aufstellen und Gehen, kaum Bewegungsunternehmungen wie Wanderungen, Unterrichts- und Beobachtungsgänge: all diese Symptome sollten nicht nur unter dem Gesichtspunkt der körperlichen Hygiene kritisch betrachtet werden, sondern auch im Hinblick auf die Gesundheit und das Lernvermögen der Kinder.

Wenn von seelischer Gesundheit des Schülers gesprochen wird, dann geschieht dies leicht unter diesem einseitigen Gesichtspunkt: Paßt sich der Schüler an die Schule an, dann ist er gesund; paßt er sich nicht an, dann ist er krank. – Aber seelische Gesundheit kann nicht nur gesehen werden als Anpassung des Schülers an die Schule. Wir müssen sie auch sehen unter der Fragestellung: Paßt sich die Schule den Bedürfnissen des jungen Menschen an, die dieser hinsichtlich seiner seelischen Entwicklung hat? – Ob der einzelne Schüler seelisch gesund ist, das ist nicht nur seine persönliche Angelegenheit, sondern hängt auch von der Schule ab.

Eine gesunde Schule ermöglicht es dem Schüler, sein Selbstwertgefühl zu entwickeln und sich angstfrei zu verhalten; sie läßt ihn positive Erfahrungen im Umgang mit anderen Menschen machen und leitet ihn an, Konflikte partnerschaftlich zu lösen; eine gesunde Schule trägt dazu bei, den Jugendlichen liebesfähig zu machen; sie ermöglicht ihm, spontan und schöpferisch tätig zu sein; sie ermuntert ihn, kritisch zu sein: sich denkend, handelnd und fühlend mit der Welt einzulassen.

Seelische Gesundheit in der Schule ist also auch zu sehen als Anpassung der Schule an Grundbedürfnisse des Kindes und Jugendlichen. – Allzu oft wird es als persönliche Angelegenheit des Schülers betrachtet, wenn er sich im Lernen schwer tut, oder sich nicht in die Lerngruppe einordnen kann. Aber werden nicht viele Schwierigkeiten durch den Aufbau und das Vorgehen unserer Schulen erst hervorgebracht? Die Schule bekämpft dann das, was sie selbst verursacht hat: zum Beispiel Faulheit, Interesselosigkeit, Passivität, Aggressivität.

Wir fragten: Hemmen unsere Schulen das Lernen?
Und wir können antworten: Die Schulen hemmen das Lernen
– weil sie die seelische Gesundheit der Schüler zu wenig berücksichtigen
– weil sie kaum Folgerungen daraus ziehen, daß Lernen nur in einem gefühlsmäßig entspannten Klima erfolgreich verlaufen kann – also angstmachende, verkrampfende Momente vermieden werden müßten
– weil sie psychische Konflikte des Schülers oft gleichsetzen mit bösem Willen – so als müßte sich der Schüler nur »zusammennehmen«
– weil man aus der tiefenpsychologischen Tatsache, daß unbewußte Konflikte des Lehrers das Lernen hemmen, noch kaum Konsequenzen für Lehrerausbildung und -weiterbildung zog.

– weil die Schule als Einrichtung selbst krankhafte Züge an sich trägt – etwa die Überbetonung von Ruhe, Ordnung, Sauberkeit.

Wenn unsere Schulen weniger lernhemmend sein sollen, dann dürfen wir nicht einseitig danach fragen, ob sich die Kinder den schulischen Erfordernissen anpassen. Wir müssen vielmehr umgekehrt fragen: Paßt sich die Schule den Grundbedürfnissen der Schüler an? – An dieser Frage können wir messen, ob die Schule freien Raum für spontanes und aktives Lernen schafft.

In den folgenden Kapiteln gehe ich auf die hier angesprochenen und auf viele andere Probleme des Lernens und des Schulalltags näher ein. Es soll jeweils ein psychoanalytischer Aspekt der Pädagogik herausgegriffen und in seinen Folgerungen für Unterricht und Lernen dargestellt werden. Ich möchte an Beispielen aufzeigen, wie sich die Schule in stärkerem Maß um seelischen Gesundheitsschutz und um eine anregende Lernumwelt bemühen kann.

Zusammenfassung:

Die Psychoanalyse zeigt, wie Handeln durch unbewußte Konflikte gehemmt und verfälscht werden kann. Diese Konflikte entstehen durch die Behinderung kindlicher Antriebsimpulse.

Der Lehrer kann für das Kind zum Schicksal werden, ohne etwas von seinem Eingriff zu ahnen. Ein Schüler trägt dann für Jahre oder durch sein ganzes Leben an unverarbeiteten Konflikten – mitverursacht durch einen Lehrer, der nichts von den psychohygienischen Grundlagen des Unterrichtens erfahren hat. So ist es zum Beispiel immer noch nicht zur selbstverständlichen Einsicht aller Lehrer geworden, daß Angst dumm macht. Ein Kind kann seine intellektuellen Fähigkeiten nur entfalten, wenn es angstfrei arbeiten darf.

Schüler, die auf Grund ihrer Vorgeschichte eine Fehlhaltung aufweisen, werden leicht so behandelt, als könnten sie ihre störenden Verhaltensweisen mit »gutem Willen« abstellen. Der Lehrer kann zwar oft nicht unmittelbar helfen; er kann sich aber verhaltensgestörten Kindern gegenüber verständnisvoll zeigen.

Wenn der Lehrer selber unter unverarbeiteten psychischen Konflikten leidet, ist die Gefahr besonders groß, daß er das Lernen der Schüler behindert. Beispiele zeigen, wie Schulklassen und einzelne Schüler vom Lehrer dazu mißbraucht werden können, eigene seelische Fehlhaltungen abzureagieren. Im Interesse des seelischen Gesundheitsschutzes im Schulalltag müßte dieser Tatbestand schärfer gesehen und konsequenter verhindert werden.

Die Schule selber kann zum Lernhindernis werden, wenn die äußeren Gegebenheiten so sind, daß sie spontanes Arbeiten unterdrücken. So kann zum Beispiel die Überbetonung von Ordnung und Sauberkeit das unbefangene Lernen stören.

Wenn unsere Schulen weniger lernhemmend sein sollen, dann dürfen wir nicht einseitig danach fragen, ob sich der Schüler den schulischen Erfordernissen anpaßt. Wir müssen vielmehr umgekehrt fragen: Paßt sich die Schule den Grundbedürfnissen der Schüler an?

2. Lernunlust durch Überfütterung

Die Schule als »überfütternde Mutter«

Lehrer und Eltern beklagen die Faulheit der Schüler. Auch die Schüler selbst schreiben sich vielfach das Merkmal »faul« zu. Wenn wir sagen »Ein Kind ist faul«, dann denken wir weniger daran, daß es sich um eine seelische Fehlentwicklung handelt; wir tun vielmehr so, als gehe es nur darum, daß der Schüler einfach nicht mag. Man sagt dann: »Der könnte schon, wenn er wollte!« Aber gerade darin liegt die Schwierigkeit des Schülers: Er kann nicht wollen! Dieses Nicht-Wollen-Können mag viele Ursachen haben. Einen häufigen Hintergrund von Lernpassivität und Lernunwillen möchte ich näher beschreiben.

Wir gehen von der psychoanalytischen Einsicht aus, daß in den ersten sechs Lebensjahren bestimmte Haltungen unwiderruflich vorgeprägt werden. Bei der tiefenpsychologischen Untersuchung lernpassiver Schüler zeigt sich: Lernunwillen bis zur Lernabwehr wird oft durch überfütternde Mütter verursacht. Ich möchte deshalb die These aufstellen: Die weit verbreitete Lernpassivität steht in unmittelbarem Zusammenhang mit der sich vielfach wie eine »überfütternde Mutter« gebärdenden Schule.

2.1. Der Zusammenhang zwischen Essen und Lernen

Im ersten Lebensjahr ist der Mund die bevorzugte Lustquelle des Säuglings. Mit ihm trinkt er an der Brust der Mutter oder an der Flasche. Mit dem Mund entdeckt er seinen Körper: indem er zum Beispiel an den Fingern lutscht und Dinge in den Mund steckt, um sie zu erforschen.

Die Psychoanalyse hat aufgezeigt, daß diese erste Beziehung des Kindes für spätere Einstellungen gegenüber der Umwelt bedeutungsvoll ist. – So ist es zum Beispiel für das spätere Leben sehr wichtig, ob eine Mutter ihrem Kind ständig verwehrt, Dinge in den Mund zu stecken – oder ob sie es unbehindert mit dem Mund forschen und seine Zubeiß-Impulse entfalten läßt. – Es ist bedeutsam, ob die Mutter die Milch einflößt, ohne daß sich der Säugling anstrengen muß – oder ob das Kind beim Saugen aktiv sein muß. Im ersten Fall kann der Keim für eine Bequemlichkeitshaltung gelegt werden, im zweiten zur Aktivität.

Die Bereitschaft Nahrung aufzunehmen, kann mit der Bereitschaft, Wissen aufzunehmen, verglichen werden. Wir sprechen davon, daß jemand Bücher »verschlingt«, wissens-»durstig«, von Stoff-»Hunger« erfüllt und wiß-»begierig« ist. Manche Menschen »fressen« Romane in sich hinein, andere sind erkenntnis-»hungrig«. Wir nehmen Wissen in uns auf und müssen uns durch einen schwierigen Stoff »durchbeißen«; manchmal können wir einen Lernstoff nicht »schlucken« oder nicht »verdauen«. Und ein ungeduldiger Vater sagt zu seinem Sohn, dem er eben etwas erklärte: Hast du's jetzt endlich »gefressen«?

Alle diese Bezeichnungen und Redewendungen stammen aus dem Bereich des Essens und haben mit dem Lernen zu tun. In ihnen drückt sich die Tatsache aus, daß Essen und Lernen eng miteinander verbunden sind. – Auch die Redensart »Wie einer ißt, so arbeitet er« zeigt, daß dieser Zusammenhang immer schon bekannt war. Das Besitz-Ergreifen und das Sich-Einverleiben spielt beim Lernen eine entscheidende Rolle. Deshalb ist es für das Lernverhalten bedeutsam, wie das Kind in seiner frühen Kindheit mit diesen Verhaltensweisen bekannt geworden ist.

2.2. Eß- und Lernunlust durch verwöhnend-überfütternde Mütter

An einer übertrieben fütternden Mutter können wir uns vorstellen, wie hier der Keim zu Lernhemmungen gelegt wird. Es gibt Mütter, die – meist aus unbewußten Schuldgefühlen heraus – ihren Säugling überfüttern. Sie übergehen ständig den Punkt, an dem das Kind aufhören würde zu saugen oder zu essen, und regen es weiter zur Nahrungsaufnahme an; man hat den Eindruck, das Füttern bereite diesen Müttern Vergnügen. So löffeln sie den Kindern immer wieder etwas ein – »einen Löffel für den Opa, einen für die Tante Mathilde . . .« – ungeachtet des Appetits. Aber nicht nur zur Essenszeit wird gefüttert. Jede Unlust, die der Säugling kundtut, beantworten diese Mütter mit Stillen. Schreit das Kind, weil es vielleicht schlecht liegt, deutet dies die Mutter als Hunger und kommt mit der Flasche. Sind diese Kinder größer, werden ihnen die Eßmengen vorgeschrieben – und natürlich immer zu große. Sie dürfen nicht selbst aus der Schüssel herausnehmen und ihre Eßmenge bestimmen; daher müssen sie ständig angehalten werden, leerzuessen.

So wird Essen zur Pflicht, der man nachkommen muß, wenn man die Liebe der Mutter nicht verlieren will. Für die Entwicklung des Lernens ist es bedeutsam, täglich zu erleben, daß man eine »Leistung« nicht bewältigt. Dem Kind, das bei jeder Mahlzeit etwas auf dem Teller lassen muß, weil es schon vollgestopft ist, bleibt die Erfahrung zurück: Ich werde mit nichts fertig. Dieses Erlebnis wirkt sich auf das Arbeits- und Lernverhalten bestimmend aus.

Einer Schülerin fiel es ungewöhnlich schwer, eine Aufgabe zu Ende zu führen. Sie ging mit Eifer daran und zeigte über eine gewisse Strecke hindurch große Bereitschaft. Dann aber ließ sie plötzlich nach und brach die Arbeit ab. – So hatte die Vierzehnjährige noch nie ein Buch zu Ende gelesen. Auch bei der spannendsten Lektüre fehlte ihr das Durchhaltevermögen bis zum Ende; es wurde deutlich, daß sie dieses Verhalten durch eine überfürsorgliche Mutter erworben hatte. Sie gehörte zu den Kindern, die täglich mindestens dreimal die Mahlzeit beenden, ohne aufgegessen zu haben. Ja, wenn die Mutter merkte, daß das Kind mit Appetit aß, gab es ihm sofort eine weitere Portion von ihrem Teller. Dieses Verhalten übertrug die Mutter auf andere Bereiche: Sie gab dem Mädchen nicht *ein* Bilderbuch, sondern gleich mehrere Bilderbücher, so daß das Kind wieder nicht »fertig« werden konnte. – Besonders problematisch wurde für das Kind, daß man sich gegen eine so »gute« überfürsorgliche Mutter nicht aggressiv zur Wehr setzen konnte, ohne Schuldgefühle zu bekommen.

Wir können verstehen, was eine solche mütterliche Haltung für das Lernen bedeutet: Die kindliche Aktivität weicht mehr und mehr einer Erwartungshaltung. Die Kinder – nicht gewohnt zuzugreifen – warten ab, was ihnen geboten wird. Sie können sich nichts mehr selbst aneignen. Sie wollen zum Beispiel nicht lesen, sondern vorgelesen bekommen. – Die Passivität kann zur Abwehr des Lernstoffes gesteigert werden. Wie das übersättigte Kind einen Ekel vor dem Essen entwickeln kann und damit von vornherein sich weigert zu essen, können Schüler aus der gleichen Erfahrung heraus das Aufnehmen von Wissen verweigern; das um so mehr, als die vorher beschriebenen Mütter ihre Haltung auch beim Wissenserwerb nicht aufgeben. Auch hier ermöglichen sie den Kindern nicht, spontan zuzugreifen, sondern drängen ihnen ständig auf. Und zwar nicht nur die Menge, sondern auch die Art der Nahrung und des Lernstoffes: Spinat, weil das Kind Eisen braucht – auch wenn es ihn ständig wieder ausspuckt; Goethe, weil der für die Bildung wichtig ist – auch wenn das Kind eine Abneigung gegen Goethe entwickelt.

Wir sehen an diesen Beispielen auch, wie wichtig es ist, Kindern Situationen nicht vorzuenthalten, in denen sie auf eine Bedürfnisbefriedigung verzichten müssen. Eltern, die ihren Kindern nichts versagen wollen, ermöglichen diesen nicht, ihre Aktivität zu entfalten. Wer nie Durst und Hunger leidet, kann nicht tätig werden, um sich Nahrung einzuverleiben. Und diese Aktivität fehlt dann auch beim geistigen Zupacken.

Ebenso lernhemmend wirkt, wenn dem Kleinkind das erste Forschen mit dem Mund verwehrt wird. Der Säugling steckt alles ihm Erreichbare in den Mund, um damit vertraut zu werden, um es sich einzuverleiben. Das Kleinkind möchte alles betasten und nach den Gegenständen greifen. Manche Kinder, die später schwer begreifen, sind in ihrer Freude am Greifen behindert worden.

Besonders von Müttern, die in der übersteigerten Angst leben, Schmutz würde krank machen, wird dieses In-Berührung-Kommen mit der Welt ständig verboten. Das Kind wird bestraft oder behindert, sobald es etwas zum Mund führt. Sogar das spielerische Saugen und Schnullen an der eigenen Hand gilt als »unhygienisch«. Die Angst vor einer Infektion läßt alles gefährlich werden, was das Kind in den Mund nehmen möchte. Faßt es etwas an, was der Mutter nicht ganz sauber erscheint, oder hebt es gar etwas vom Boden auf, dann wird es gleich ermahnt und zurückgerufen. Dadurch kann für das Kind die Welt an sich gefährlich und der Bezug zu ihr gestört werden. Jedenfalls aber ist ein unbefangenes Zugreifen nicht mehr möglich.

2.3. Die Schule als »überfütternde Mutter«

Bei der Beobachtung des herkömmlichen Schulunterrichts drängt sich der Vergleich auf: Die Schule begegnet dem Kind vielfach in ähnlicher Weise wie die beschriebenen überfütternden Mütter. Dies soll an einigen Beispielen gezeigt werden.

2.3.1. Die Überbetonung des »Stoffes«

Bei manchen Lehrern gibt es nur einen Gesichtspunkt des Lehrens: den »Stoff«. Sie sprechen immer davon, wieviel Stoff sie durchnehmen müssen und daß sie nicht durchkommen damit, weil die Schüler zu wenig aufnehmen. Lernpsychologische oder pädagogische Fragen werden mit der wichtigtuerischen Bemerkung abgewürgt: Ich muß ja schließlich meinen Stoff durchbringen! Das Kind als Persönlichkeit und die Klasse als Lerngruppe treten weit zurück in den Überlegungen solcher Lehrer. Sie sehen sich als Wissensvermittler und glauben ihre Aufgabe erfüllt zu haben, wenn sie in die Schüler möglichst viel Stoff hineingestopft haben. Ob diese den Stoff auch verarbeiten, danach fragen viele schon nicht mehr. Und daß mancher Lernstoff durchfallartig wieder abgeht, erkennen sie nicht als ihr Problem.

Die umfangreiche Fächerzahl und das hohe Pflichtstundenmaß verhindern, daß sich der Schüler eigentätig und vertieft mit einer Sache auseinandersetzt. Er wird von einem Fach zum andern getrieben und innerhalb des Faches von Lernstoff zu Lernstoff. Dieser muß – weil alles »durchgenommen« werden soll – so unanschaulich dargeboten werden, daß der Schüler den für ihn wirkungsvollsten gegenständlichen Ansatz nicht erfahren kann.

Von Stoff-»Angebot« liest man nur in Richtlinien; und man hört gelegentlich in feierlichen Reden davon, was den Schülern alles »angeboten« wird. In der Praxis aber kann von Angebot kaum die Rede sein; es handelt sich meist um ein Stoffdiktat: Der Schüler hat das zu nehmen, was der Lehrer – den Lehrplänen entsprechend – für richtig hält.

Dem entspricht dann der Zwang zum Lernen. Jeder Laie empfindet es als krankhaft, wenn eine Mutter den Stock neben das Essen legt, um das Kind zum Essen zu zwingen. In vielen unserer Schulen ist es zur Selbstverständlichkeit geworden, die

»Peitsche« drohend neben die »Nahrung« zu legen: in Form einer Überbetonung des Prüfens und Zensierens. Es gibt Lehrer, die eigentlich gar keine Lehrer sind, sondern Prüfer: Es geht in einem fort um Proben, Schulaufgaben und Abfragen. Was der Schüler dabei lernt, ist oft weniger die Sache, sondern das Bewältigen der Prüfungssituation.

2.3.2. Die Behinderung eigenen Zugreifens

Die Spontaneität der Schüler wird nicht nur im Hinblick auf Stoffmenge und Stoffauswahl mißachtet, sondern auch durch die Behinderung eigenen Tuns. Der nicht zu unterbrechende, lautstarke Redefluß des Lehrers ist immer noch hervorstechendes Merkmal, wenn man durch die Gänge von Schulhäusern geht.

Manche Lehrer betreiben nicht nur eine Zwangsfütterung: Diese Zwangsfütterung ist letztlich auch eine Scheinfütterung, da die Schüler in Wirklichkeit gar nichts bekommen. Es ist doch so, schreibt *Watson,* »daß das, was Lehrer mittels der traditionellen Methoden den Schülern beizubringen glauben, ziemlich wenig mit dem zu tun hat, was diese wirklich lernen. Der Lehrer ist befriedigt, wenn er ›mit dem Unterrichtsstoff fertig‹ ist (in unserer Welt von heute, mit ihrer atemberaubenden Explosion des Wissens, ein groteskes Bestreben); aber er kann mühelos feststellen, daß das, was seine Schüler nach einer Woche davon noch im Kopf haben, nur ein winziger Bruchteil dessen ist, war er ihnen zu vermitteln hoffte. Was ein Lernender wirklich lernt, ist weitgehend ein Ergebnis seiner eigenen Anstrengungen. Gerade ein sehr energischer Lehrer kann bewirken, daß sich Schüler nur um so weniger zu eigener Anstrengung aufgerufen fühlen. Das ist der Grund für die mißliche Erfahrung, die Schüler immer wieder machen: Während der Lehrer einen Gegenstand behandelt, haben sie den Eindruck, sie verstünden die Sache völlig. Aber wenn sie dann später darüber geprüft werden, merken sie, daß sie nur sehr verschwommene und verworrene Vorstellungen haben.« (*Watson* 1971, S. 147)

Bei Lehrern, die viel reden – und deren gibt es viele – liegt etwas Ähnliches vor wie bei Müttern, die viel füttern und später viel auf die Kinder einreden. Die wirklichen Bedürfnisse der Kinder werden mißachtet und überrollt. Das geschieht unter dem Deckmantel des »Gut-Meinens«. Tatsächlich aber werden in beiden Fällen die Kinder unbewußt – manchmal auch bewußt – zu Mitteln eigener Triebbefriedigung. Solche Mütter finden dann wie die ständig »gebenden« Lehrer, die Kinder seien undankbar, wenn sie sich gegen die fortlaufende Vergewaltigung wehren.

Wir dürfen die lernhemmende Wirkung des Zuviel-Redens nicht unterschätzen. Am Einzelfall wird das wiederum deutlicher. Bei Stotterkindern macht man eine Beobachtung, die uns einen Hinweis auf die Wirkung des viel sprechenden Lehrers gibt. *Dührssen* hat diese Beobachtung so formuliert: »Wir finden bei den Müttern von Stotterkindern sehr häufig solche Frauen, die als typische Verhaltensweise einen ganz besonders lebhaften Redeschwall aufweisen. Sehr oft neigen sie dazu, naiv und unbekümmert ihren Gesprächspartner mitten im Satz zu unterbrechen und selbst weiterzureden, gegebenenfalls mit Lautstärke und ohne auch nur zu bemerken, was sie tun . . . Das Kind einer solchen Mutter erlebt also von klein auf, daß ihm nicht ausreichend zugehört, statt dessen aber ins Wort gefallen wird. Es erlebt, daß die Vitalität der Mutter seine eigenen aufkeimenden Sprachimpulse unaufhörlich unterbricht und zurückschiebt.« (*Dührssen* 1962, S. 288)

Daß Schüler bei dem Redeschwall des Lehrers nicht zu Wort kommen, ist keine Seltenheit. Und daß sie im Satz unterbrochen werden – korrigierend oder abschneidend –, können wir ebenfalls beobachten. Wenn aber der Lehrer Vielredner und Wortabschneider ist, dann bedeutet das, daß die sprachlichen Eigenimpulse der Kinder fortwährend unterdrückt oder überrannt werden.

2.4. Lernpassivität und Lernabwehr als Folge der Überfütterung durch die Schule

Was die Schule vielenorts durch ihr Vorgehen bewirkt, wirft sie den Schülern vor: Faulheit, Interesselosigkeit, Passivität. In der Atmosphäre ständigen Gegängelt- und Überfüttertwerdens wird das Lernen zur lästigen Pflicht. Man verrichtet sie, um zu überleben, und manche Schüler rechnen genau aus, wie sie mit einem möglichst kleinen Maß von Kraftanstrengung gerade noch durchkommen.

Das Überhäuftwerden mit Fächern, Stunden und Aufgaben

führt zu dem Gefühl, nie fertig zu werden; das kann weniger robuste Kinder in eine fortwährende Lernresignation versetzen. Es fehlt das Erfolgsgefühl der Aufgabenbewältigung, wenn man ständig mit neuen, oft als unsinnig empfundenen Anforderungen überhäuft wird.

An das Gefüttertwerden durch den Lehrer gewohnt, geraten die Schüler in eine passive Erwartungshaltung: Der Lehrer soll nun alles herantragen; man sitzt dabei und wartet ab, was geschieht. Das für erfolgreiches Lernen so wichtige aktive Zugreifen wird verlernt – entweder durchgängig oder nur in bestimmten Fächern. Das Lernen geschieht unwillig bis zur völligen Lernabwehr: Ich mag nichts tun! Der Schüler kann wenig Eigenes wollen. Er muß sich gegen den Lehrer stellen, wenn er eigentätig sein will; denn alles Erwünschte wird ihm vorgeschrieben oder vorgekaut. So kommt es zu einem Verlust der Lernbereitschaft und Lernfreude. Oft ist die Lernunlust gepaart mit körperlichem Unwohlbefinden, mit Müdigkeit und Schlaffheit.

Die Überfütterung durch die Schule bewirkt, daß die Schüler sehr abhängig von ihren Lehrern werden. Der Schüler ist zu eng an den Lehrer gebunden – wenn auch oft in negativer Weise. Daraus entspringt eine Unselbständigkeit, welche wiederum die Lernfähigkeit vermindert. Die Folgen andauernder Stoffüberhäufung in der Schule sind dann Lustlosigkeit, Resignation, Interesselosigkeit, fehlender Lernoptimismus. Das sind typisch depressive Merkmale. Wir können also annehmen: So wie überfütternde Mütter in ihren Kindern die Voraussetzungen für depressive Verstimmtheiten schaffen, bringt die überfütternde Schule etwas hervor, was wir bei manchen Kindern als »Schuldepression« bezeichnen können.

2.5. Überlegungen zur Änderung der lernhemmenden Überfütterungssituation in der Schule

2.5.1. Die Wendung vom Stoff zum Schüler

Es ist erstaunlich, mit welcher Hartnäckigkeit ein Teil der Lehrer am Stoff als vorrangigem Gesichtspunkt festhält – auch dann noch, wenn feststeht, daß es belanglos ist, ob ich das Rothaargebirge, Alkibiades, das Leberblümchen durchnehme oder nicht. – Lehrer müßten den Mut haben, sich ihrer eigentlichen, der pädagogischen Aufgabe zuzuwenden, das heißt: mehr nach dem Schüler zu fragen als nach dem Lehrstoff. Die Fragestellung ist dann nicht: Wie bringe ich meinen Stoff durch? Sondern: Welchen und wieviel Stoff kann sich der Schüler mit Erfolg aneignen? Und: Was hat er eigentlich tatsächlich davon, wenn er sich diesen oder jenen Lernstoff einprägt? Trägt das, was er jetzt lernen soll, dazu bei, seine Persönlichkeit zu entwickeln, ein Stück seiner Lebensumwelt besser zu begreifen, seine künftige Berufsausbildung vorzubereiten, sein Interesse zu entwickeln und wachzuhalten?

Weil das Interesse der zuverlässigste Motor des Lernens ist, müßte der Unterricht noch viel mehr Chancen schaffen, Interessehaltungen zu entfalten. Die Neigungen des einzelnen Schülers könnten mehr berücksichtigt werden; es müßten nicht alle das gleiche Lernangebot durcharbeiten oder über sich ergehen lassen. Von freien Wahlkursen und Pflichtwahlkursen sollten die Schüler viel mehr Gebrauch machen können, als das in Ansätzen der Fall ist. Freilich erfordert dies eine andere Organisation der Schule, als sie heute üblich ist. Aber schon innerhalb einer Schulklasse kann der Lehrer ohne große organisatorische Maßnahmen persönliche Neigungen mehr fördern. Zum Beispiel durch eine umfangreiche Klassenbücherei, die möglichst vielen Leseneigungen gerecht wird und so das Interesse weckt. Oder durch sogenannte »freie Stunden«, in denen der Schüler eine Arbeit auswählen kann, die ihm besonders liegt. Jeder Lehrer, der zum Beispiel einmal eine »Hausaufgabe nach freier Wahl« gegeben hat, weiß, mit welchem Eifer sich Schüler an eine solche Arbeit machen.

2.5.2. Das Prinzip des Tätig-seins

Die Forderung nach persönlichem Tätig-sein des Schülers muß immer wieder erhoben werden. Gerade weil das Prinzip der Selbsttätigkeit ein so unumstrittener Bestandteil der Unterrichtslehre ist, wird es oft viel zu wenig beachtet. Schon an einem einfachen Beispiel aus dem Schulalltag sehen wir, wie schlecht es um das Aktivitätsprinzip bestellt ist: am Beispiel des Sich-Meldens und Darankommens. Die lebendige Mitarbeit der Schüler ist für den Lehrer wichtig. Aber was geschieht denn nun, wenn sich zwanzig oder dreißig Kinder melden, um etwas zu sagen? Die sogenannte Aktivität, die nun folgt, ist, daß *ein* Schüler sagt, was viele andere auch gewußt haben und sagen wollten. Das häufig vergebliche Melden des Schülers muß – besonders in großen Klassen – zu Lernunlust führen. Die Kinder geben auf, wenn sie nie darankommen. Und je mehr Kinder sich zu Wort melden – also aktiv sein wollen –, um so mehr werden durch Nicht-daran-Kommen enttäuscht. Deshalb werden immer wieder niedrige Klassenziffern verlangt. Deshalb auch sollte der Lehrer mehr und mehr vom überwiegenden Frontalunterricht mit der ganzen Klasse zu Partner- und Gruppenarbeit überwechseln. Deshalb sollte der immer noch weit verbreitete sogenannte »darbietende« Unterricht zugunsten eigentätiger Schülerarbeit verschwinden. Deshalb sollte das Vorlesen dem selbständigen stillen Lesen weichen, das Vorrechnen dem selbständigen Versuch. Deshalb sollte der Schüler überall dort, wo es gute Lernprogramme gibt, sich den Wissensstoff in seinem Arbeitstempo erarbeiten dürfen. Nach jeder Unterrichtsstunde und nach jedem Schulvormittag kann sich der Lehrer fragen: Wie oft und wie ausgeprägt habe ich es dem Schüler ermöglicht, mit Erfolg selbständig zu arbeiten?

2.5.3. Die Frage der Stoffauswahl

Die Überfütterungstendenz der Schule beruht unter anderem auf der Vorstellung, es müßten alle Fächer gelehrt und ihr Stoff möglichst systematisch durchgenommen werden. Was fehlt, ist der Bezug zum Schüler. Es ließe sich fragen: Welche Lernstoffe dienen dem Schüler hier und jetzt zu seiner Persönlichkeitsentfaltung? Welche Lernziele und -inhalte sind der heutigen und zukünftigen Gesellschaft angemessen? Welchen Problemstellungen soll der Schüler gegenübergesellt werden und welche Erfahrungen soll er machen im Hinblick auf das Zusammenleben mit anderen Menschen? Wie können wir den Schüler dazu befähigen, sich wirklichkeitsgerecht und kritisch in der Welt zu bewegen?

Unter solchen Blickpunkten tauchen dann Fragen auf wie: Weshalb soll sich der Schüler mit antiker Geschichte befassen – aber nicht mit aktueller Politik? Weshalb soll er sich jahrelang mit Pflanzenkunde beschäftigen – aber ungleich weniger mit der Gesundheit des Menschen? Weshalb erfährt er viel über die Arbeit – aber wenig über die Freizeit? Weshalb soll er Latein lernen – aber nicht Russisch? Weshalb Mädchen-Handarbeit – aber nicht Schreibmaschinenschreiben? Weshalb Werkerziehung – aber nicht Autofahren?

Das soll nicht heißen: Die Schulfächer müßten vermehrt werden. Sondern es soll darauf hingewiesen werden, daß die Lernabwehr der Schüler verständlich ist, wenn so viel gelehrt wird, was sie nicht mit ihrem persönlichen Leben und den Anforderungen der Gesellschaft verknüpfen können. – Der Schüler lernt zwar die Eigenschaften, Zusammensetzungen und Umwandlungen der Stoffe – aber er lernt nichts über das Werden des menschlichen Charakters, über seelische Prozesse: Er hat Chemie, aber nicht Tiefenpsychologie.

Schließlich sollten wir bei dem Bemühen um eine Abkehr von der Stoff-Überfütterung etwas bedenken, worauf *Hartmut von Hentig* hinweist: »Auch Glück ist eine notwendige Erfahrung.« Wir können den Kindern keine bessere Kraftreserve auf den Lebensweg mitgeben als einen Schatz glücklicher Erinnerungen – einen in ihnen ruhenden Vorrat an Selbstvertrauen: Das Leben – auch mein Leben – kann schön sein. (Nach *Hentig* 1962, S. 12)

Zusammenfassung:

Von einem faulen Schüler sagt man oft: »Der könnte schon, wenn er wollte!« Das Problem des Schülers ist aber gerade das Nicht-Wollen-Können. Lernpassivität hat, wie andere seelische Fehlhaltungen, ihren Ursprung in den ersten Lebensjahren des Kindes. So besteht ein Zusammenhang zwischen erster Nahrungsaufnahme und Lernen. Wenn ein Säugling zum Beispiel ständig überfüttert wird, gerät er in eine passive Erwartungshaltung. Er kann dann später nicht aktiv zugreifen, sondern wartet darauf, daß ihm der Lernstoff eingeflößt wird.

Auch in der Schule können wir eine Überfütterungssituation beobachten. Viele Lehrer sehen ihre wichtigste Aufgabe darin, in die Schüler umfangreiche Stoffmassen hineinzustopfen. Immer noch ist der lautstarke Redefluß des Lehrers ein Merkmal des Unterrichts. Der Schüler bekommt dabei wenig Gelegenheit, selber tätig zu sein.

Wenn überfütternde Mütter bewirken, daß Kinder passiv werden, können wir vermuten: Die weit verbreitete Lernpassivität steht in unmittelbarem Zusammenhang mit der sich wie eine überfütternde Mutter gebärdenden Schule. Lehrer müssen dann die Faulheit und Interessenlosigkeit bekämpfen, die sie selber hervorgebracht haben.

Wir können daraus einige schulpädagogische Folgerungen ableiten. An erster Stelle sollte nicht der Stoff stehen, sondern die Hinwendung zum Schüler: zu seinen Interessen und seiner Aufnahmefähigkeit. Vor allem sollte der Schüler die Chance bekommen, selbst tätig zu sein, sich durch aktives Zugreifen etwas einzuverleiben.

Zu bedenken ist ferner, daß der Stoff oft nicht dem Appetit des Schülers entspricht und deshalb von ihm abgewehrt oder gar »unverdaut« wieder ausgeschieden wird.

Wenn es der Schule gelänge, Appetit und Hunger zu erzeugen – nämlich Erkenntnishunger und Wißbegierde –, wäre Unterricht für Schüler und Lehrer erfreulicher und wirkungsvoller.

3. Die behinderte Spontaneität

Lernbehinderung durch die Unterdrückung eigenen »Machens« im Schulunterricht

Das Lernverhalten eines Schülers hängt weitgehend von seiner Vorgeschichte ab; nämlich davon, welche dem Lernen zugrunde liegenden Verhaltensweisen er in den ersten sechs Lebensjahren erworben hat. Lernen wird mitgeprägt von der Weise, in der das Kind sein erstes Machen und Leisten erlebt. – Dabei sehen wir, daß elterliche Maßnahmen erste Antriebe zum Schaffen fördern oder hemmen können. Ähnlich wirken dann schulische Einflüsse: Sie behindern oft das Lernen, wo sie es doch eigentlich anregen wollen. – Diesem Zusammenhang zwischen dem ursprünglichen Machen des Kindes und dem späteren Lernen möchte ich in den folgenden Überlegungen nachgehen.

3.1. Der Entwicklungszeitraum des ersten »Machens«

Sein erstes Leisten und Machen erlebt das Kind bei der Stuhlentleerung. In der Psychoanalyse nennt man die Entwicklungsspanne, in der für das kindliche Erleben die Ausscheidungsvorgänge und der After eine wichtige Rolle spielen, die anale Phase; es ist dies der Zeitraum vom Ende des ersten bis zum Ende des zweiten Lebensjahres. Die Erfahrungen, die in diesem Entwicklungsabschnitt das spätere Lernen und Arbeiten prägen, formuliert *Elhardt* so: Das Kind hat ein »erstes deutlicheres Erleben, aus sich heraus produzieren und ›machen‹ zu können: Der Leistungsstolz des aktiven Kraftgefühls bei der Defäkation spiegelt sich in den Augen der lobenden Mutter und vermittelt dem Kind das Gefühl des Produktiv-Schöpferischen, ein Urbild des Gebärens. Dazu kommt, daß das Kind mit dieser Substanz wiederum formen und gestalten könnte, was bald durch feuchte Sandklumpen, Plastilin, Ton usw. abgelöst wird. Wie ein kleiner mythologischer Schöpfergott kann das Kind nun Dinge und Menschen ›aus Lehm‹ erschaffen und sie (in der Spielphantasie) beleben. Insofern liegt im analen Bereich ein Ursprung alles schöpferischen Gestaltens und späterer Produktionen, . . .« (*Elhardt* 1971, S. 76)

In dieser Zeit erlebt das Kind ein erstes Machen, Ausdrücken, Gestalten. Zugleich aber wird durch die Reinlichkeitserziehung erstmals von ihm gefordert, »sauber« und »ordentlich« zu sein. – Wie hängt nun dieses erste »Leisten« mit dem späteren Lernen zusammen?

3.2. Der Zusammenhang zwischen erster »Leistung« und Lernen

3.2.1. Reinlichkeitserziehung und Selbstvertrauen

Je nachdem, wie das Kind den Entwicklungszeitraum des ersten eigenen Machens durchläuft, können hier die Ansätze zu geglücktem Lernverhalten liegen oder auch zu Leistungsstörungen. – So kann ein tiefes Mißtrauen in die eigene Leistung entstehen, wenn eine sogenannte »feine« Mutter die Stuhlentleerung als etwas Ekelhaftes hinstellt. Für das Kind bleibt das sich wiederholende Erlebnis zurück: Was ich mache, ist schlecht. Oder – bei strenger Reinlichkeitserziehung –: Was ich mache, ist böse. Damit ist der Ansatz zu einem gestörten Selbstvertrauen geschaffen. Die eigene Leistung wird dann ständig begleitet von Schuldgefühlen. Für diese Kinder ist jede schöpferische Leistung schlecht und verdient nichts anders als weggeworfen zu werden. Sie erfahren dann auch, daß es verboten ist, mit der formbaren Masse umzugehen: mit Kot, dann mit Wasser und Sand, mit Dreck, mit knetbaren Stoffen. Das ist alles schmutzig und darf nicht berührt werden.

Aus diesem Erleben heraus lernt das Kind nicht, mit den Dingen unbefangen zu hantieren. Es faßt lieber nichts mehr an; jedenfalls ist es gehemmt, sich spielerisch mit Gegenständen zu befassen. So kann es zu einer Spielhemmung kommen, die in vielen Fällen die Grundlage für eine Lernhemmung bildet. Selbst wenn spielgehemmte Kinder gute Schüler werden, versagen sie oft dort, wo zum Lernen und Arbeiten Spontaneität notwendig ist.

Wegen der ablehnenden Haltung der Mutter gegenüber den Ausscheidungsvorgängen beginnt das Kind an sich selbst zu zweifeln. Im späteren Arbeitsverhalten kommt es daher zu dem für Lernstörungen typischen Zaudern und Aufschieben. An Stelle des Tuns tritt ein Grübeln; spontanes Handeln ist nicht mehr möglich. Das Bestreben, alles ganz sauber und ordentlich zu machen, kann zum immer erneuten Aufschieben des Lernens führen.

3.2.2. *Erstes Spielen und Lernen*

Umgekehrt erwächst aus dem Erleben, daß das Kind etwas »machen« kann, die Freude am Erfolg, den die Tätigkeit mit sich bringt. Aus der Lust am Spielen wird die Freude am Aufgaben-Lösen. – Bei Müttern, die schmutzige Spiele als lästig oder abstoßend empfinden, erfährt das Kind: Was ich mache, ist nichts wert.

Ein lerngehemmter Student mit der Vorerfahrung, daß seine Schmutzspiele widerwärtig seien und daß er nur »Mist« mache, war davon überzeugt: »Ich bin im Grunde nichts. Alles, was ich gemacht habe, ist mißlungen. Ob in der Volksschule, auf dem Gymnasium oder beim Privatunterricht, immer saß ich mit dem verzweifelten Gefühl da: Mit mir ist nichts anzufangen. Was ich wirklich getan habe, war nicht Leistung, sondern Glück. Ich hab gar kein Verhältnis zu meiner Leistung. Wenn ich wirklich heute etwas gut finde, dann kommt es mir am nächsten Tag unbrauchbar vor. In mir steckt ein Mensch, der alles verkehrt macht.«

Das Lernverhalten dieses Patienten war auch deshalb besonders gestört, weil die Eltern übertrieben auf »geistige« Leistung Wert legten. Sie mißachteten das kindliche Spiel zutiefst als »unnütz« und als »Spielerei«. Als dann das Kind in der Schule trotz guter Intelligenz schlechte Leistungen hatte, wurde jegliches Spiel erst recht mißbilligt und verächtlich als »kindisch« und »unproduktiv« abgewertet.

So bastelte dieser Patient mit etwa sieben Jahren gern kleine Puppen aus Papier, zum Beispiel Papier-Indianer. Diese Beschäftigung wurde von den Eltern nicht nur abgelehnt, sondern der Vater packte, als er eines Abends den Sohn bei dieser Beschäftigung vorfand, alle Figuren des Jungen und warf sie weg. Der Junge mußte fortan seine Lieblingsbeschäftigung heimlich und mit schlechtem Gewissen ausführen.

Die Folgen dieser negativen Einstellung der Eltern zum Spiel des Kindes waren vielfältig: Das Selbstgefühl des Jungen wurde tief verunsichert. Er mußte die Ansicht gewinnen, was er aus sich heraus mache, sei nichts wert; er sagte einmal: »Ich hätte mich sehr geschämt, wenn mich jemand beim Spielen ertappt hätte.« Dieses Gefühl breitete sich über das gesamte Erleben aus, wie seine Bemerkung zeigt: »Ich habe das Gefühl, als wäre an mir alles unnormal, so wie ich das Spielen mit den Figuren als krankhaft angesehen habe.« – Da seine kindlichen Leistungen nicht angenommen wurden, konnte er später auch bei geglückten Leistungen niemals glauben, seine Arbeit sei etwas wert.

3.2.3. Schmutz-Lust und Lernen

Auch der Schweizer Lehrer und Psychoanalytiker *Hans Zulliger* weist darauf hin, wie wichtig es für das Kind ist, eine Zeitspanne der Schmutz-Spiele ungestört zu durchleben. Er hatte eine lerngehemmte Schülerin in Behandlung, deren Störung offenkundig mit verdrängten analen Impulsen zusammenhing. *Zulliger* berichtet aus den psychotherapeutischen Stunden mit diesem Mädchen, dessen Schulleistungen stark zurückgingen und das nicht mehr redete: »Sein erstes Spiel vollzog sich im Garten am Lehmkübel. Es wurde mit der Hand ein ›Kuchen‹ zurecht ›getätschelt‹. Später wurde der Lehm zwischen den Fingern gepreßt, und die ersten Worte, die das Mädchen sprach, lauteten: ›Schau, wie das scheißt!‹ . . . Gestützt auf die Beobachtung bei Spielen mit Lehm und Erde kam heraus, daß zu Hause allzustark auf Reinlichkeitsgewöhnung gehalten wurde, und es war daher nötig zu veranlassen, ›vorläufig‹ . . . die Kleine möglichst bei ›dreckigen‹ Spielen schalten und walten zu lassen. Jetzt zeigte sich der erste Teilerfolg. In dem Maß, wie das Mädchen unordentlich und unsauber sein durfte – als es sich traute, schmutzig zu sein –, fing er wieder an zu reden, wurde fröhlicher und aufgeschlossener . . . Nach geraumer Zeit, während der mit Tubenfarben geschmiert und eine Menge anderer ›analer‹ Spiele betrieben wurde, fing die Kleine ganz von selbst an, zu ›ordnen‹: Farbflecke, Blumen, Fläschchen mußten bestimmte Plätze einnehmen. Das Mädchen hatte in der Behandlung gleichsam im abgekürzten Verfahren eine Entwicklungsphase nachholen müssen, woraus sich dann . . . Ordentlichkeit und Sauberkeit ergaben: eine Zeit des ungehemmten Schmierens, die es zu Hause nie hatte erleben dürfen.« (*Zulliger* 1957, S. 30/31) – Viele der ersten Betätigungen des Kindes sind naturgemäß schmutzig. Wenn das Kind in seiner Schmutz-lust zu stark eingedämmt wird, dann kann es dadurch zu einer Eindämmung der gesamten Aktivität kommen.

3.3. Die Unterdrückung eigenen Machens durch die Schule

Aus der Vorgeschichte lerngehemmter Kinder sehen wir: Das Lernen kann gestört werden, wenn sich die Impulse eigenen Machens nicht entfalten dürfen. Wenn das Kind sein erstes Machen bei der Stuhlentleerung als schmutzig, böse und damit verboten erlebt, wenn es nicht unbefangen mit formbaren Materialien umgehen darf, wenn es ihm verwehrt wird, seine Schmutz-Lust zu befriedigen und sein Lärmbedürfnis abzureagieren, dann muß es seine Spontaneität verdrängen. Es wird vielleicht ein »braves« Kind. Und als solches kann es in der Schule Gutes leisten. Aber es versagt überall dort, wo es darum geht, frei aus sich heraus etwas zu schaffen. Denn durch seine Vorerfahrungen ist es seinen eigenen Produkten gegenüber mißtrauisch geworden. Lernhemmungen, die auf dieser Schwierigkeit beruhen, werden vor allem durch Mütter verursacht, die besonders auf Sauberkeit bedacht sind und denen Ordnung und Ruhe über alles geht. – Wir fragen uns nun, ob die Einrichtung Schule nicht auch Merkmale an sich hat, die das unbefangene Lernen und Leisten stören müssen.

3.3.1. Die Überbetonung der Ordnung

Bei manchem lerngehemmten Schüler liegt die Ursache dafür, daß er nicht unbefangen lernen kann, in der Überbetonung der Ordnung durch die Mutter. Ordnung aber spielt auch in unseren Schulen eine überwertige Rolle. Wir können das etwa an der Anzahl von »Ordnungen« ablesen, die wir dort vorfinden. Da gibt es eine Schulordnung, Klassenordnung, Sitzordnung, Pausenordnung, Gangordnung, Hofordnung, Turnsaalordnung usw. Es wird darauf geachtet, daß der Schüler ordentlich die Treppe hinuntergeht, daß er sich vor der Schule ordentlich anstellt, daß er die Lehrperson ordentlich grüßt, daß er seine Schulmappe ordentlich eingepackt hat . . . Gelegentlich beobachtet man noch, daß Schüler aufstehen und sich ordentlich hinstellen müssen, ehe sie etwas sagen. Manchen Kindern geht es dann so, daß sie nach Beendigung dieses Zeremoniells – Aufstehen, Hände von der Bank, sich gerade hinstellen – gar nicht mehr wissen, was sie eigentlich sagen wollten. Ordentlich schreiben heißt für manche Lehrer nicht nur lesbar schreiben, sondern in einer bestimmten Richtung: nämlich in einem vorgeschriebenen Winkel nach rechts geneigt; ungeachtet dessen, daß es sich bei der Schrift um ein Ausdrucksgeschehen handelt, das nicht einfach kommandiert werden kann.

Daß zu einem zielstrebigen, erfolgreichen Arbeiten Ordnung gehört, ist keine Frage. Aber wir sollten auch sehen, daß durch eine zu einseitige Hochschätzung der Ordnung spontanes Lernen behindert wird.

3.3.2. Die Überbetonung der Unter-Ordnung

Der Hang zur Ordnung äußert sich auch in dem Wunsch nach Unter-Ordnung: »Disziplin« ist ein Schlüsselwort in der Schule. Unter ihrem Gesichtspunkt wird oft ein normales kindliches Verhalten als ungehörig bezeichnet. Lehrer fragen gar nicht mehr danach, welchen Sinn bestimmte Ordnungsmaßnahmen eigentlich haben: Warum sollen sich zum Beispiel Schüler »paarweise aufstellen«? Gibt es einen anderen Grund dafür als den, daß »man« das »Aufstellen in Zweierreihen« schon seit hundert Jahren so macht? – Warum sollen die Schüler immer auf dem gleichen Platz sitzen und nicht ihren Platz wechseln dürfen? Warum sollen Schüler, die nebeneinander sitzen, nicht miteinander sprechen? Warum sollen sie fragen, wenn sie aufs Klo gehen müssen? Warum sollen Schüler nicht miteinander arbeiten dürfen? – Es gehört wohl zu den krankhaftesten Erscheinungen unserer Schulen, daß Partner- und Gruppenarbeit so wenig verbreitet sind – sicher hauptsächlich wegen der gefährdeten Disziplin.

Einem übertriebenen Ordnungsdenken widerspricht natürlich der Lärm in der Schule. Bei Lärm vermutet man zu wenig strenge Aufsicht des Lehrers. Daß Lärm beim Lernen störend wirken kann, ist unumstritten. Aber ebenso ist zu bedenken, daß bei bestimmten Arbeiten Lärm unumgänglich ist. Wenn Schüler miteinander sprechen, in der Gruppe diskutieren, wenn sie den Platz verlassen müssen, um sich anders zu setzen, dann geht das laut her. Diesen Lärm zu unterdrücken, ist gleichbedeutend mit dem Verhindern eigenständiger Schülerarbeit. »Ruhe und Ordnung« sind oft Bedingungen, die das Lernen mehr hemmen als anregen.

3.3.3. Die Hochschätzung der Sauberkeit

Auch das Prinzip Sauberkeit wird höher geschätzt, als es einem unbefangenen Lernen und Arbeiten zuträglich ist. In manchen Schulhäusern scheinen die Reinigungsfrauen den Unterrichtsbetrieb zu bestimmen: Die Schulbänke müssen so gestellt werden, daß man gut putzen kann; Fingerfarbenmalen oder großflächiges Malen mit dicken Pinseln und Wachsmalstiften verstößt gegen die Gesetze der Sauberkeit im Klaßzimmer; an Regentagen soll nicht in den Hof gegangen werden, weil sonst Schmutz hereingetragen werden könnte; und wo käme man hin, wenn die Kinder mit Ton modellieren würden – es reicht schon das »saubere« Plastilin. – Lehrer, denen pädagogisches Handeln wichtiger als Sauberkeitsdenken ist, klagen über Schwierigkeiten, die sie bei der Einführung eines freien Unterrichts erfahren.

Die »sauberen« Hefte zum Vorzeigen scheinen oft wichtiger als ihr Inhalt. Sogar Fehler dürfen mancherorts nicht deutlich – durch Ausstreichen – verbessert, sondern müssen schamhaft eingeklammert werden. Und es gibt Klassen, in denen Lehrerinnen die gleichfarbig eingebundenen Hefte selbst beschriften, damit alles schön ordentlich aussieht. Wenn der Schüler einen Aufsatz schreibt, wird oft wenig auf das eingegangen, was er darin ausgesagt und dem Lehrer mitgeteilt hat; aber es werden die Rechtschreibfehler überdeutlich angestrichen und durch eine Zensur festgehalten. Hinter der »unordentlichen« Rechtschreibung wird ein aussagekräftiger Aufsatz oft gar nicht mehr gesehen.

Diese Beispiele zeigen, wie Unwesentliches in den Mittelpunkt rücken und spontanes Lernen behindert werden kann, wenn »Ruhe, Ordnung und Sauberkeit« als vorrangige Tugenden gelten. Das gilt etwa für eine so kindfreundliche Tätigkeit wie das Zeichnen und Malen. Meist wird von Anfang an verlangt, daß die Schüler auf kleine weiße Zeichenbögen, womöglich mit spitzen Farbstiften, malen müssen. Weiße Zeichenbögen aber können geradezu erschrecken; denn jüngere Schüler haben eher den Wunsch zu »beschmutzen«, zu schmieren. Die geforderte »saubere« Arbeit muß das unbefangene Gestalten hemmen. Wirkungsvoller regen wir in diesem Bereich das kindliche Machen an, wenn die Schüler auf grobes, großflächiges und farbig getöntes Papier mit dicken Wachsmalstiften, mit

Fingerfarben oder mit dicken Pinseln malen dürfen. Malstaffeleien und Wandflächen, an die man das Papier heften kann, sind dazu günstig. Daß solche Einrichtungen fehlen, beweist lediglich, wie wenig Gedanken man sich in den Schulen über das ursprüngliche Schaffen des Kindes macht.

Selbst gut gemeinte Veranstaltungen treffen oft nicht die Bedürfnisse der Kinder. Die sorgfältig in einem Kasten geordneten verschiedenfarbigen Plastilinstangen sind ein kläglicher Ersatz, verglichen mit dem, was das Kind bräuchte: den großen, einfarbigen Klumpen Plastilin, der es zum Formen anregt. Hier kann es in die ungeformte Masse hineingreifen. Noch günstiger wäre deshalb der Klumpen Ton oder Lehm.

3.3.4. Die Überbetonung der Zensur

Wir haben gesehen, wie störend es sich auswirkt, wenn die kindliche Leistung zurückgewiesen wird. Also müßten es sich Erzieher und Lehrer zum Grundsatz machen, zunächst jede Leistung anzunehmen. Das heißt noch nicht, sie anzuerkennen, wenn es sich um eine mangelhafte Arbeit handelt. Aber es bedeutet: auf die Bemühung eingehen und sich tatsächlich mit dem Geleisteten auseinandersetzen. Die übliche Zensurengebung kann das nicht leisten.

Jeder weiß heute: Die Notengebung ist alles andere als eine pädagogische Maßnahme. Konsequenzen werden aus dieser Erkenntnis kaum gezogen. Der Schüler wird vielfach mehr als Nummer, denn als Mensch gesehen. Jeder weiß auch, daß sich Lehrer über die amtlichen Bestimmungen nicht hinwegsetzen können. Aber daß in manchen Schulklassen *so* zensurenwütig gehaust wird, widerspricht den elementarsten pädagogischen und psychologischen Einsichten. – So wäre es zum Beispiel den Bestimmungen nach nicht nötig, schon in der ersten Jahrgangsstufe die Leistungen mit Ziffern zu bewerten. Und doch gibt es Klassen, in denen es schon wenige Monate nach Schuleintritt Fünfer und Sechser hagelt – oft mit dem sinnwidrigen Hinweis, daß man später ja doch Noten geben müsse. Die Schüler sollen sich demnach frühzeitig an unpädagogisches Verhalten ihrer Lehrer gewöhnen.

Man muß sich vorstellen, welcher Unverstand dahintersteht, wenn Kinder, die erst etwas lernen sollen, schon während des Lernprozesses durch Zensuren entmutigt werden. Ob wohl ein

Kind laufen lernen würde, wenn die Eltern beim Prozeß des Laufenlernens so vorgingen: nämlich das Kind tadelten, wenn es hinfällt oder nicht gerade geht oder erst noch krabbeln will? Und ob ein Kind sprechen lernen würde, wenn man es in der Zeit, in der es nur in Einwortsätzen spricht oder stammelt oder stottert, »zensieren« würde?

Deutlich wird bei solchen Überlegungen auch, daß es die Schwächsten am meisten trifft: Die zu Hause keine Chance hatten, sprechen zu lernen, werden dafür schlecht zensiert. Der Schüler, bei dem in der Familie nie ein Ton gesungen worden ist, bekommt jetzt eine Fünf in Singen, weil er – so sagt man – unmusikalisch ist. Aber es muß zensiert werden – auf daß alles seine Ordnung habe, auch wenn es psycho-logisch eine Un-Ordnung ist. – Daß Kindern unbefangenes, spontanes Lernen und Arbeiten gründlich ausgetrieben wird, wenn ihre Leistungen, anstatt angenommen, zensiert werden, müßte mehr als bisher allen Beteiligten bewußt werden.

3.3.5. Das Verhindern der geglückten Leistung

Lehrer und Erzieher wissen, wie es ein Kind anspornt, wenn man es für eine geglückte Leistung bekräftigt. Das Selbstvertrauen der Schüler wächst durch Anerkennung und Lob. Die pädagogische Aufgabe ist aber nicht damit erfüllt, daß wir das Kind anerkennen, wenn es etwas richtig gemacht hat. Sie muß noch ein Stück vorher ansetzen: Wir müssen Situationen schaffen, in denen das Kind etwas richtig machen kann. Hier versagt die Schule oft. Die Schüler werden in Situationen gebracht, in denen sie nichts leisten können. Und dann werden sie für das Versagen schlecht zensiert.

Lehrer, die Schüler fortlaufend in Situationen des Leistungsversagens bringen, könnte man als Anti-Lehrer bezeichnen: Sie verhindern das Lernen. – Machen wir uns das an einem Beispiel klar: Ein Lehrer beklagt sich darüber, daß seine Klasse im Rechtschreiben so schlecht sei. In jedem der wöchentlichen Diktate hätte eine ganze Anzahl von Schülern zwischen zehn und fünfzig Fehlern. Warum können wir diesen Lehrer als Anti-Lehrer bezeichnen:

1. Er verhindert, daß ein Teil der Schüler etwas lernt. Denn bei Diktaten mit so vielen Fehlern können die Schüler nicht das Richtige lernen, sondern sie üben das Falsche. Aus der

Lernpsychologie wissen wir: Bei jedem Wort, das der Schüler falsch schreibt, ist die Wahrscheinlichkeit groß, daß er sich das Falsche einprägt. Der Lehrer, der Woche für Woche seine Klasse Diktate mit vielen Fehlern schreiben läßt, lehrt die Schüler nicht nur nichts, sondern er behindert sie am Lernen und bringt sie in eine Situation, in der sie das Falsche lernen.

2. So ein Lehrer ist ein Anti-Lehrer, weil er Schüler fortlaufend entmutigt. Besonders der schwache Schüler wird um den Erfolg gebracht, den er erfahren müßte, um zu lernen.

3. Solch ein Lehrer ist auch ein Anti-Lehrer, weil er selbst nichts mehr lernt, weil er sich nicht darum kümmert, was die schulpädagogische und psychologische Forschung an grundlegenden Einsichten für ihn bereithält.

Wir sehen auch, daß nichts umwälzend verändert werden müßte, um so eine lernhemmende Situation auszuschalten. Schon die einfache Maßnahme, Diktatgruppen zu schaffen, würde die Situation verbessern: Jene Schüler, die im Rechtschreiben schwach sind, bekommen eine Aufgabe, die sie gerade noch mit Erfolg bewältigen können.

3.3.6. Das Verhindern der persönlichen Leistung

Als Beispiel dafür, wie wenig der Schüler aus sich heraus machen darf, muß immer noch der Aufsatzunterricht genannt werden: Die Schüler werden dazu genötigt, über etwas zu schreiben, zu dem sie nichts zu sagen haben. Sie müssen dann in leere Worte und in papierene Ausdrucksweisen flüchten; sie müssen sich überlegen, was wohl der Lehrer lesen will, weil sie nicht die Chance erhalten, etwas Persönliches auszusagen. Die Aufsatzstunde ist dann alles andere als eine Situation, in der man unbefangen schöpferisch tätig sein kann. Es handelt sich eher um eine angsteinjagende Prüfungssituation. Daß sich aber Angst und Zwang schlecht mit sprachlichem Ausdruck vertragen, ist offenkundig. Manchmal schreibt der Schüler in seiner Verzweiflung darüber, daß er zum gestellten Thema nichts weiß, etwas anderes. Dann wird er jedoch mit der Bemerkung »Thema verfehlt!« in seine Schüler-Schranken verwiesen. Wenn wir dem Schüler verwehren, aus sich heraus zu schreiben, dann ist das gleichbedeutend mit einer Einengung des Denkens. Und gelegentlich kann man in der Tat einen Aufsatzunterricht beobachten, der eher Denkhemmungen erzeugt, denn die Fähigkeit, sich unmittelbar und klar auszudrücken. Unter dem Gesichtspunkt des eigenen, spontanen Schaffens muß es daher eine uneingeschränkte Forderung sein, den Schüler Themen wählen zu lassen, die seinem Erfahrungsbereich entstammen – nicht aus der Welt der Erwachsenen oder des Begrifflichen.

3.3.7. Die Überbetonung der systematischen Stoffanordnung

Viele Lehrpläne sind nicht an der Wirklichkeit und dem Leben der Schüler orientiert, sondern an wissenschaftlichen Systemen. Meist bestimmen Lehrpläne und Lehrer die Interessenbefriedigung der Schüler. Es sind dann nicht die Interessen der Schüler, sondern oft die starren Vorstellungen von Lehrplanmachern. Die Lebensverhältnisse der Schüler und ihre altersangemessenen und persönlichen Bedürfnisse werden durch die gleichschaltende, uniformierende Neigung der Schule mißachtet. Unter den Prinzipien von Sauberkeit und Ordnung wird im Unterricht ganzheitliches Erleben zerstückelt und isoliert. Ein Teil der Unterrichtsstoffe hat überhaupt nichts mit dem Leben zu tun, ein anderer wird bis zur Unkenntlichkeit steril gemacht.

Die Psychoanalyse hat gezeigt, daß Zeremonien und Rituale, also das Vorgehen nach festgelegten Ordnungen, dazu dienen, Triebimpulse abzuwehren. Mit Hilfe starrer Ordnungen schützt sich das Ich vor Triebüberflutung. »Daß das auch ein Verstehensgesichtspunkt für den Schulunterricht ist, wird ersichtlich, wenn man fragt, was der Unterricht nicht vermittelt, nicht darstellt und ausläßt. Man bemerkt dann, daß das Triebleben des Menschen, insbesondere Trieblust und Triebgewalt, mit all ihren Implikationen in Gesellschaft, Geschichte und Kunst verleugnet, mindestens aber banalisiert werden. Man kann den Aufwand an sexuell gereinigten, verharmlosten Unterrichtsstoffen direkt mit der Stärke der Triebverleugnung in Zusammenhang bringen, die Lehrvorgänge selbst in ihrer Breite und Umständlichkeit als zeremonielle Vermeidung und Umwege um das Triebthema deuten.« (*Fürstenau* 1964, S. 72).

Durch den Sexualkundeunterricht hat sich hier manches zum Besseren gewendet. Allerdings wurde auch hier wiederum nur *ein* Stück aus dem umfassenden Erleben herausgeschnitten, und das bedeutsame Umfeld blieb unberücksichtigt. *Neuhäusler* weist auf diese »tödlichen Wissenslücken« hin: Die Schüler lernen nichts »darüber, was ein Kind wirklich ist, darüber, wie man ein Kind nicht nur erzeugt, sondern erzieht, wie man ein Kind nicht nur wickelt, sondern ihm zur Entwicklung hilft. Ist nicht, für den Durchschnitt der Eltern, das Kind . . . immer noch ›das unbekannte Wesen‹ und schlimmer noch ›das verkannte Wesen‹? Damit aber ist es das unwissend und irrtümlich – bis irrsinnig – behandelte und mißhandelte Wesen. Die Unwissenheit, nicht nur *was*, sondern *wer* ein Kind ist, welche Gesetze und Stadien seiner Entwicklung es gibt, welche Gefahren auf Fehl- und Mangelerziehung lauern, wodurch Kinder schon von den Eltern ›verdorben‹ werden – diese von Generation zu Generation geschleppte Unwissenheit ist noch heute so selbstverständlich geduldet, so unverständlich totgeschwiegen, daß man erschrecken müßte über solches Steinzeitgebaren.« (*Neuhäusler* 1972).

Es mutet einem wie ein böser Scherz an, wenn man hört, um welche »Wissenslücken« sich Lehrer Sorgen machen: »Ich muß unbedingt noch die Peloponnesischen Kriege durchnehmen.« – »Schließlich müssen wir noch zu Elsaß-Lothringen kommen.« – »Ich kann doch nicht einfach die Herbstzeitlose auslassen.« – »Die wissen ja noch nicht, was der Umstand der Art und Weise ist.« Und welch schlimme Lücken, wenn elfjährige Schüler – laut den Lehrplänen für die Orientierungsstufe in Bayern – nichts wissen über die »Unterscheidung von Genetivobjekt und Genetivattribut«, über »Gleichsetzungsnominativ/Prädikatsnomen« oder über »Präpositionalobjekt, präpositionaler Ausdruck als Adverbiale, Apposition«. – Hier herrscht ein zwanghaftes System über das Leben. Die Erfordernisse der Wirklichkeit werden oft in unbegreiflicher Weise ausgeschaltet. Daß etwa Schüler, deren »Beruf« Lernen ist, nicht von Anfang an Lernpsychologie als Fach und als durchgängiges Unterrichtsprinzip haben, ist so töricht, als wollte man einem Kaufmann kaufmännisches Rechnen vorenthalten.

Kohl (1971, S. 105) meint, man müßte die Lehrer davon überzeugen, »daß die Richtlinien des Lehrplans kein unumstößliches Gesetz sind und daß Kinder, wenn man es ihnen ermöglicht, auf eigene Faust die Dinge zu erforschen, die sie erforschen wollen, viel besser und intensiver lernen, als wenn nur Lehrbuchstoff ›durchgenommen‹ wird.« Wenn Lehrer sich davon überzeugt haben, »daß Kinder bei den Überlegungen, Gesprächen und Tätigkeiten, die sich im Klassenzimmer spontan entwickeln, alles lernen, worauf es ankommt – dann stehen sie nach meiner Erfahrung mit viel mehr Sicherheit und Gelassenheit im Klassenzimmer, und viele der früheren Disziplinprobleme tauchen gar nicht mehr auf.« – Warum nicht den Elefanten durchnehmen, wenn er den Schüler mehr interessiert als »unser Hausrind« (»Unsere Kuh ist ein Haustier. Sie gibt uns Milch, Butter und Käse . . .«)? Und wenn an ihm biologische Einsichten bereitwillig erarbeitet werden?

Der Lehrer muß bedenken, daß ein Unterrichtsverfahren, das dem jeweiligen Wissenschaftssystem gerecht wird, noch lange nicht das lernwirksamste ist, ja manchmal das Lernen verhindern kann. Das kindliche Interesse würde sich beim Thema »Der Mensch« zunächst spannenderen Fragestellungen zuwenden als den einzelnen Skelettknochen; es gäbe über das Eichhörnchen Anziehenderes zu berichten und im Park zu beobachten, als seine Zahnformel auswendig zu lernen. Und das Leben eines Binnenschiffers von früh bis spät und über das Jahr hinweg brächte für die Schüler interessantere Aspekte als die zu lernende Feststellung: Auf dem Main wird Binnenschiffahrt betrieben. Die Sterilität des Unterrichts wird am deutlichsten in einem Biologieunterricht, wo Blütenformeln nach dem Buch und Tiere nach Abbildungen gelernt werden, wo die Schüler kaum Gelegenheit haben, tatsächlich Natur zu erforschen.

Wer die Stoffauswahl in unseren Schulen untersucht, wer Schulbücher und sogenannte Merkhefte durchsieht, wer häufig Unterrichtsstunden beiwohnt, der wird die *Müller-Bek*sche Feststellung (1958, S. 50) nicht für übertrieben halten: »Der Lehrer ist wie ein Hirte, der seine Kühe einen schmalen Steinpfad hinauftreibt, links und rechts saftiges Gras und schattige Bäume. Wenn eine nebenhinaus nascht, wird mit der Geißel geknallt.« So wie früher die jedes Kind bewegenden Fragen nach Herkunft und Zeugung des Menschen mit trockenen, verstaubten Bemerkungen über »ungeschlechtliche und geschlechtliche Fortpflanzung« abgetan wurden, ohne dabei den Menschen zu erwähnen, geschweige denn davon zu sprechen, daß es sich beim Sexuellen um etwas handelt, was Lust und Freude bereitet, so geschieht es in anderen Schulbereichen heute noch: Der Ansatz des wissenschaftlichen Systems, nach dem in zwanghafter Weise Lehrpläne aufgestellt werden, ist oft ein völlig anders als der des kindlichen Interesses. Das heißt aber, daß der Schüler nie wirklich mitten in eine Sache hineingeraten kann, sondern sich mit Randproblemen beschäftigen muß.

3.3.8. Die Unterdrückung von Affekten

Viele Unterrichtsstoffe sind für den Schüler zu wenig »geerdet«: Er findet keinen gefühlsmäßigen Bezug dazu, und für die Abstraktion ist er noch nicht reif. Indem der Schüler Emotionen in großem Umfange ausschalten muß, ist er gezwungen, sich selbst auszuschalten. – Der Lehrer »stellt die Autorität dar, die das Kind zwingt, seine Aufmerksamkeit ausdauernd auf ein abstraktes Denkgebiet zu konzentrieren. Er unterdrückt dabei, soweit er kann, jeden Versuch, sich primitivere Befriedigungen zu verschaffen, unterdrückt sogar das Tagträumen, soweit das möglich ist. Ich will das in die Worte fassen: Der Lehrer als Affektunterdrücker.« (*Müller-Bek* 1958, S. 50)

Den Lehrer als »Affektunterdrücker« zu bezeichnen, mag hart klingen. Und doch werden gerade die Lehrer, die nicht geneigt oder gezwungen sind, kindliche Affekte zu unterdrücken, bestätigen, wie allein die äußere Organisation »Schule« zu dieser Affektunterdrückung zwingt; selbst dort zwingt, wo es widernatürlich ist: »Zwischen derartigen Lektionen, in denen sich das Gefühlsleben kaum beteiligen kann, gibt es allerdings auch andere, wo Affektbewegung beim Kinde geradezu verlangt wird, allerdings nicht rohe Affektäußerung, sondern kanalisierte und dosierte. Singen, Zeichnen, Turnen, etwa auch Lesen, Vorlesen. Kann da der Lehrer nicht die Zügel weitgehend lockern? Da der Stoff hier die Gefühle der Schüler bindet, besteht doch kaum mehr Gefahr, daß sie sich störend bemerkbar machen. Das stimmt, jedoch nur sehr bedingt. Denn da ist ein Faktor . . . : die Masse! Wenn ich mit zehn Kindern ein lustiges Lied singe, und einer lacht dazu, ein anderer schneidet Faxen, einer springt hoch vor Übermut und guter Laune – so ist das herrlich, befreiend. Wenn dasselbe aber in einer Masse von vierzig Kindern geschieht, sind es eben nicht mehr vierzig liebenswerte Individuen, die ihrer Lust Ausdruck geben, sondern was da vor mir brodelt, ist mir nur noch faßbar als chaotische, lärmende Masse. Also auch hier ist Affektunterdrückung und -eindämmung nicht zu umgehen.« (*Müller-Bek* 1958, S. 51).

Indem wir Affekte unterdrücken, kommt es zur Eindämmung der kindlichen Aktivität und Spontaneität. Die für das Lernen wichtige Unbefangenheit geht verloren. Für ein angemessenes emotionales Lernklima sind deshalb Klassen mit nicht über dreißig – am besten um zwanzig – Schüler Voraussetzung. Eine höhere Klassenziffer entschuldigt jedoch nicht die Mißachtung des Zusammenhanges zwischen emotionalem Unterrichtsklima und Lernen – so wenig wie eine kleine Klasse bereits eine Gewähr dafür ist, daß der Lehrer tatsächlich die Chance zu einer psychisch gesunden Lernatmosphäre nützt.

Besonders deutlich äußert sich die Behinderung der Spontaneität in der Überbetonung des grammatikalischen Sprachlehreunterrichts. Die systematisierende, pedantische, abtötende Sprachlehre steht in keinem Zusammenhang zur lebendigen Sprache. Sie erscheint oft wie eine Aggression der Schule gegen die Schüler: Die Sprache darf euch nicht zu leicht gemacht werden; sie soll euch keine Freude machen! – Spontaner, sprachschaffender Ausdruck wird gebunden in fragwürdige Regeln; der Schüler muß einen Besinnungsaufsatz schreiben, aber er hat sich häufig so zu besinnen, wie es der Lehrer wünscht; er soll etwas »erörtern«, das der Lehrer einer Erörterung für würdig hält.

3.3.9. Die »Lektion« als Ausdruck einengenden Unterrichts

Wie wenig Raum für eigenes Machen, für spontanes Handeln in der Schule geschaffen wird, zeigt das Festhalten an der sogenannten »Lektion«. In ihr wird mit dem Unterrichtsinhalt und den Schülern willkürlich umgegangen. Ein bestimmter Stoff soll in 45 Minuten gepreßt werden. Dies hat dann ein »Sinnganzes« zu ergeben. So wird die Lektion ein künstliches Gebilde; für die Spontaneität der Schüler bleibt hierbei nur eine geringe Chance. Von einem eigentätigen Bezug der Schüler zur Sache und deren gefühlsmäßigem Umfeld ist wenig die Rede. Und schon gar nicht verträgt sich in der »runden Stunde« die Überbetonung von Ordnung und Sauberkeit mit einer Erziehung zum Genießenkönnen und zu freudigem Tun im Hinblick auf das Lernen.

»Wir wollen heute . . .« ist ein Satz, der vielen Lehrern in Fleisch und Blut übergegangen ist. Und es ist psychologisch falsch, daß Lehrerstudenten ihre möglichst »runden Stunden« auch mit »Wir wollen heute . . .« beginnen; ungeachtet der Tatsache, daß der Lehrer oft der einzige ist, der gerade *das* will, was jetzt alle wollen sollen – und nicht einmal das ist sicher. Die »runde Stunde« ist Ausdruck des beherrschenden

Unterrichtsstils: Der Lehrer legt alle Richtlinien fest; er schreibt vor, was Schritt für Schritt geschieht; er erwartet vom Schüler absolute Anpassung an seinen Unterrichtsentwurf; er duldet keine Abschweifungen und weist Fragen zurück, die nicht in seinen Aufbau passen: »Davon reden wir später« oder: »Das lernen wir ein anderes Mal«.

Manche Lehrer bremsen das Lerntempo, wenn sie merken, daß ihnen sonst Zeit übrigbliebe – oder sie hetzen die Klasse durch das Stoffpensum, nur damit es »durchgenommen« ist.

Das Lektionsdenken erwartet vom Schüler, daß er sich unterordnet. Er soll dem vom Lehrer ausgedachten Aufbau der Unterrichtsstunde folgen. Unterricht ist aber sicher wirksamer, wenn nicht der Schüler dem Lektionsaufbau folgt, sondern wenn es der Lehrer versteht, den Lerninteressen der Schüler zu folgen.

3.4. Die Zwangsneurose der Schule

Psychoanalytische Überlegungen zum Schulunterricht gehen meist von der Frage aus, welche persönlichen Konflikte dazu führen, daß ein Schüler schwierig wird. Man versucht, die Vorgeschichte eines Kindes aufzudecken und das Krankheitsverursachende herauszufinden. – Nun ist aber der Schüler verbunden mit seiner gesamten sozialen Umwelt: nicht nur mit der Familie und mit Erziehungspersonen, sondern auch mit bestimmten Einrichtungen wie der Schule. Es ist einfach zu sagen: In der Schule werden Unangepaßtheiten des Schülers sichtbar; bestimmte Forderungen kann das Kind wegen seiner persönlichen psychischen Bedingungen nicht erfüllen. Wir müssen im Gegensatz dazu mehr als bisher danach fragen, wie die Einrichtung Schule auf das einzelne Kind wirkt, welche psychischen Konflikte sie begünstigt, auslöst oder verursacht. Es gilt darüber nachzudenken, ob nicht die Schule selbst krankmachend wirkt, diese Krankheit dann bekämpft und ihre Verursachung anderen zuschiebt.

Krankmachend wirkt die Schule jedenfalls dann, wenn sie selbst krankhafte Züge aufweist. Die vorausgegangenen Überlegungen zeigen, daß die Schule als Einrichtung zwangsneurotische Merkmale trägt. Menschen mit einer zwanghaften Persönlichkeitsstruktur sind durch »eine Atmosphäre von Beherrschung, Einengung, Verhaltenheit, Kontrolle und Gesetz« gekennzeichnet. »Selten sind sie elastisch-spontan, ihre Vitalität kommt wie durch Düsen gepreßt, mehrfach kontrolliert und reflektiert. Sie handeln prinzipiell und starr oder wirken zögernd-abwartend, sich zurücknehmend und -haltend. Die überwertige Verantwortungsschwere, die über ihnen liegt, läßt sie eher ernst, oft humorlos und allzu rational wirken. Alles Neue, Lebendige und Ungewohnte wird skeptisch vermieden. Das zwanghafte Kausalbedürfnis fördert Haltungen von Pedanterie, Rechthaberei, Spitzfindigkeit und Haarspalterei . . .« (*Elhardt* 1971, S. 116). Zwanghafte Menschen bekämpfen und unterdrücken spontane Impulse; sie sind übergenau. Ordnung, Sauberkeit, Sparsamkeit zählen für sie zu den höchsten Tugenden. Formales ist ihnen wichtiger als Inhaltliches; auf äußere Ordnung sehen sie mehr als auf innere; sie dressieren eher, als daß sie erziehen. Ein Kennzeichen zwanghafter Menschen ist ihre bis zur Pedanterie ausartende Ordnungsliebe. Wir haben vorher gezeigt, wie überwertig Ordnung in der Schule werden kann. Es geht »vom geordneten Betreten und Verlassen des Klassenzimmers, der Benützung der Toiletten, dem Einsammeln und Austeilen schriftlicher Arbeiten und dem Spitzen der Bleistifte bis zur Aufstellung der Klasse in Kolonne und dem ordentlichen Aufhängen der Mäntel. Es ist erstaunlich, wie lange man sich bei solchen Formalitäten aufhalten kann und wie sehr sie denjenigen Lehrern von Nutzen sind, nach deren Überzeugung die Aufrechterhaltung von Zucht und Ordnung das erste Gebot ist« (Kohl 1971, S. 26).

Wie bei der Pedanterie tritt dann das Unwesentliche in den Vordergrund. Es wird nach der Anzahl der Hefteinträge gefragt, anstatt nach dem tatsächlichen Unterrichtserfolg; der Lehrer muß die Versäumnisse – entschuldigte und unentschuldigte – genau eintragen und sie zusammenzählen, aber er befaßt sich weniger mit der Frage: Weshalb fehlen denn viele oder wenige, weshalb fehlt dieser Schüler so oft?

Das Uniformierende der Schule zeigt sich auch darin, daß alle Schüler einer Klasse zur gleichen Zeit die gleichen Interessen haben, das gleiche tun, mit derselben Methode unterrichtet werden sollen; so wie es der Stundenplan vorsieht. Jeder Lehrer weiß vom Unsinn dieser Gleichschaltung. Daß trotz dieser Einsicht so wenig Konsequenzen für die Unterrichtsführung gezogen werden, mutet wie das zwangsneurotische Festhalten am Alten – wenn auch nicht Bewährten – an.

Daß Schülern in einer zwanghaft sauberen Atmosphäre die Lust am Lernen vergehen kann, sieht jeder ein, der einmal eine zwanghafte Frau mit einem Putzfimmel kennengelernt hat: Sie vergällt Familienmitgliedern und Gästen die Freude am Wohnen und am Beieinandersein. – Wenn ich mich gegen das übertriebene Prinzip der Sauberkeit in Unterricht und Schule wende, dann heißt das nicht, Schulzimmer sollten chaotische, schmutzstarrende Stätten sein. Es heißt aber: Schulzimmer sollten den kindlichen Bedürfnissen angemessene, behagliche Arbeitsräume sein, in denen ein Unterricht stattfindet, der die Spontaneität der Schüler höher stellt als die zwanghafte Sauberkeit.

Viele Fragen von Lehrern zielen mehr auf das Formale und Sachliche als auf das Menschliche: »Wie komme ich zur Benotung?« – »Wie bringe ich meinen Stoff durch?« – »Wo nehme ich die Zeit her?« . . . – Solche Fragen hört man öfter als: »Wie erlebt das wohl dieser Schüler«? – »Wie wirkt das auf meine Klasse?« – »Wie kann ich das Selbstvertrauen dieses Kindes stärken?« – »Was interessiert eigentlich die Schüler?« – »Fühlen sich meine Schüler bei der Unterrichtsarbeit wohl?«

Randfragen füllen oft ganze Lehrerkonferenzen: Was kann man tun, damit sich die Schüler nach der Pause ordentlich in Zweierreihen aufstellen? Welche Maßnahmen sind zu ergreifen, damit kein Schüler einen anderen ins Klo einsperrt? Um wieviel Uhr soll man die Schüler ins Schulhaus hereinlassen? Wie sind die Zeugnisformulare auszufüllen? – Konferenzen von Schulleitern mit dem Kollegium werden von Lehrern oft so beschrieben, daß man darin unschwer den Ablauf zwanghafter Mechanismen entdecken kann: Die Schul-Ordnung steht im Mittelpunkt. Es geht immer wieder um Einteilungen und um Verordnungen. Die ständige Beschäftigung mit Kleinkram verleiht das beruhigende Bewußtsein, als wäre im wesentlichen »alles in bester Ordnung«. Wir haben es mit dem zwangsneurotischen Mechanismus der »Verschiebung aufs Kleinste« zu tun. Wesentliche pädagogische und Unterrichtsfragen kommen kaum zur Sprache.

Wenn man das auf das gesamte Schul- und Bildungssystem überträgt, kann man verstehen, daß der Wissenschaftsrat bei seinen jüngsten Nachforschungen über den Fortschritt im Bildungswesen zu einem bedrückenden Ergebnis kam: Fortschritte seien kaum zu beobachten. Und die wenigen sichtbaren Verbesserungen seien mehr formaler und organisatorischer Natur.

In den wesentlichen Problemstellungen blieb alles »beim alten« – Ausdruck der Zwangsneurose.

Zusammenfassung:

Das Lernverhalten des Schülers hängt weitgehend davon ab, welche dem Lernen zugrundeliegenden Verhaltensweisen er in den ersten sechs Lebensjahren erworben hat. So sind die Erlebnisse, die das Kind im Zusammenhang mit seiner ersten »Leistung« – der Stuhlentleerung – hat, bedeutsam für das spätere Arbeitsverhalten. Wird etwa das, was das Kind »aus sich heraus macht«, durch eine zu strenge Reinlichkeitserziehung als schmutzig oder böse empfunden, so schafft das den Ansatz zu einem gestörten Selbstgefühl. Umgekehrt erwächst dem Kind aus dem Erleben, daß es etwas »machen« kann, die Freude am Erfolg. – Vor allem das unbefangene Spielen in diesem Alter ist eine wichtige Voraussetzung für spontanes Lernverhalten. Die Schmutz-Spiele sind dabei so wichtig wie alle anderen Spiele.

Die Vorgeschichte lerngehemmter Schüler zeigt: Das Lernen kann gestört werden, wenn sich die ersten Impulse eigenen Machens nicht entfalten können. Wir müssen daher annehmen, daß auch die Schule behindernd wirkt, wenn sie diese Antriebe zu sehr einengt, zum Beispiel durch die Überbetonung der Ordnung, der oft spontanes Arbeiten zum Opfer fallen muß. Besonders die Unter-Ordnung ist es, die das Kind vielleicht zum »braven« Schüler macht, aber nicht zum aktiv zupackenden. – Auch das Prinzip »Sauberkeit« wird höher geschätzt, als es einem unbefangenen Lernen zuträglich ist. Oft geht Sauberkeit über die eigentliche Leistung.

Stark behindert wird spontanes Lernen durch die Überbetonung des Zensierens, wie sie in unseren Schulen üblich ist. Ein Teil der Schüler wird dadurch fortlaufender Entmutigung und Herabsetzung ausgeliefert. – Durch Überforderung kann ununterbrochen verhindert werden, daß der Schüler Erfolge hat. Wenn aber die geglückte Leistung unmöglich gemacht wird, fehlt die wichtigste Voraussetzung für zukünftigen Erfolg. Lehrer, die das nicht bedenken, könnte man als Anti-Lehrer bezeichnen.

Spontanes Lernen wird besonders dort behindert, wo Lehrer meinen, sie müßten ausschließlich einer systematischen Stoffanordnung folgen, anstatt den Schülerinteressen. Die »Lektion« ist Ausdruck solch einengenden Unterrichts. Weil Ordnung, Ruhe, Sauberkeit so hoch bewertet werden, können wir von einer Zwangsneurose der Schule sprechen. Spontanes Handeln hat darin zu wenig Chancen.

4. Gehemmte Bewegung – gehemmtes Lernen

Die Einengung des Bewegungsdranges in ihrer Auswirkung auf das Lernen

Wer vor einigen Jahrzehnten in die Schule gegangen ist, kennt Ermahnungen wie diese: »Arme verschränken!« – »Hände auf die Bank!« – »Füße ruhig halten!« – »Langsam gehen!« – »Nicht aus der Reihe treten!« – Ganz sind solche Ermahnungen auch heute noch nicht aus den Klassenzimmern verschwunden. Kinder werden zum Stillsitzen aufgefordert, damit sie besser lernen können. Es ist aber sicher, daß die gegenteilige Wirkung eintritt. Die Psychoanalyse lerngehemmter Schüler zeigt nämlich, daß die Lernleistung vermindert werden kann, wenn wir den Bewegungsdrang des Kindes einschränken. Wir müssen daher annehmen, daß sich die Bewegungsfeindlichkeit der Schule hemmend auf das Lernen auswirkt. Diesen Zusammenhang zwischen körperlicher Bewegung und Lernen möchte ich darstellen und dann versuchen, schulpraktische Folgerungen daraus zu ziehen.

4.1. Die Bedeutung der Bewegungsimpulse in der kindlichen Entwicklung

Fragen wir uns zuerst, welche Bedeutung dem Bewegungsdrang zukommt. Das Bewegungs-Erleben des Kindes ist für seine Entwicklung wichtig. Die Zeitspanne, in der die Bewegungsimpulse besonders hervortreten, wurde in der psychoanalytischen Entwicklungslehre als motorisch-aggressive Phase bezeichnet; sie wird etwa vom zweiten bis vierten Lebensjahr angesetzt. In ihr lernt das Kind aus eigener Kraft den Raum überwinden; es ist nicht mehr darauf angewiesen, daß ihm die Dinge zugetragen werden: Es kann nun selbst darauf zugehen. So erfährt es seine Umwelt ganz neu, kann viele Dinge kennenlernen und erobern. Dadurch wachsen sein Kraftgefühl und sein Selbstvertrauen.

Das Kind setzt sich jetzt, da es sich auf die Welt zubewegen kann, stärker mit der Wirklichkeit auseinander. Das ist für alles folgende Lernen entscheidend. – Sich-Bewegen-Können ist von Gefühlen der Freude und Freiheit begleitet, während motorische Einengung als quälend empfunden wird. Bewegung ist für das Kind ein existentielles Bedürfnis. Deshalb hängt seine künftige Lebensbefindlichkeit auch davon ab, inwieweit es so motorisch sein darf, wie es ihm entspricht. »Es gibt ein zu jedem Kind gehöriges optimales Maß des motorischen Sich-Entfaltens. Wird hier durch Drohungen und Strafe, durch Lieblosigkeit und Liebesentzug ein Druck ausgeübt, so kann die Welt des motorischen Strebens so weit gelähmt werden, daß von den entsprechenden Haltungen nur noch Spuren übrigbleiben. (*Schultz-Hencke* 1965, S. 31)

4.2. Die Störung der Lernfähigkeit durch die Einschränkung des Bewegungsdranges

An einigen Beispielen möchte ich aufzeigen, wie das Lernen durch die Einschränkung des Bewegungsdranges gehemmt werden kann.

4.2.1. Ein bewegungsgehemmter Junge wird lernunfähig

Ein achtjähriger Junge kam in psychotherapeutische Behandlung, weil er wegen Lernunfähigkeit von der Schule verwiesen werden sollte. Er litt unter mannigfaltigen Ticks – unwillkürlichen Muskelzuckungen – am ganzen Körper und im Gesicht. Diese behinderten ihn schließlich so, daß er nicht mehr lernen und schreiben konnte. Außerdem wurde die Schulklasse durch seine auffälligen Körperzuckungen und unartikulierten Schreie gestört.

Die tiefenpsychologische Untersuchung und nachfolgende psychotherapeutische Behandlung zeigten, daß es sich um eine Erkrankung handelte, die eine Hauptursache in der starken Behinderung der Bewegungsimpulse hatte. Das Kind wurde von früh an auf engstem Raum eingesperrt, damit es nicht so viel »anstellen« könne. Bei seinen Versuchen, sich die Umwelt zu erobern, stieß es auf ständige Strafen: Die überreinliche und bewegungsfeindliche Mutter mußte aufpassen, damit das Kind nichts anfaßte und nirgends anstieß. Beengte Wohnverhältnisse brachten mit sich, daß der Junge ständig zum Ruhigsein und Stillsitzen angehalten wurde. Diese starke Einengung führte zur Störung des ganzen motorischen Apparates. Wegen der daraus resultierenden umfassenden Lernhemmung kam der Junge in Psychotherapie.

Durch die Behandlung – eine Spieltherapie von etwa 80 Stunden Dauer – mußte der Junge zunächst seinen angestauten Bewegungsdrang abreagieren. Indem er tobte und rannte, Fußball spielte und boxte, schrie und um sich schlug, hämmerte und schaukelte, wurden die verdrängten motorischen Antriebe freigelegt. Als er so von seinem Bewegungsstau befreit war, konnte er allmählich seine gesunden Bewegungsimpulse nachentfalten. Das bewirkte, daß die heftigen Körperzuckungen verschwanden und der Schüler wieder lernen konnte.

4.2.2. Motorische Einengung eines Jungen verursacht Intelligenzhemmung

Zulliger berichtet, wie eine starke Behinderung der motorischen Impulse die Intelligenz hemmen kann. Ein sechzehnjähriger Schüler hatte von Anfang an Lernschwierigkeiten. Er galt als schwach begabt. Die Eltern kamen mit der Frage, ob es Sinn habe, ihn weiter in die Schule gehen zu lassen. Bei der Erziehung des Jungen haben sich keinerlei Schwierigkeiten gezeigt. – In der Vorgeschichte war ein Ereignis auffallend: Mit etwa drei Jahren mußte der Junge für ein Dreivierteljahr zu einer Pflegeperson, weil die Mutter ins Krankenhaus kam. Als man ihn zurücknahm, stellte sich heraus, daß die Pflegemutter unmenschlich mit dem Kind verfahren war: »Wenn sie es schlafen legte, band sie es dermaßen in der Wiege fest, daß es sich nicht mehr bewegen konnte. Schrie es, kam die Pflegemutter drohend herbei, herrschte es an, es hätte ruhig zu sein – und es fügte sich. – Darum war es gänzlich verschüchtert, konnte insbesondere kein lautes Wort hören, ohne in eine Art Erstarrung zu geraten. Es sprach dann auch nichts mehr, verhielt sich vollkommen ruhig. Aber in seinen Augen sah man Angst . . .«. Der Junge »hatte nie eine Trotzperiode durchgemacht. In der Schule bestach er die Lehrer durch sein fügsames, nettes Verhalten, und man sah ihm deshalb mancherlei an seiner mangelnden Intelligenz nach. Nur ein einziges Mal ließ man ihn eine Klasse repetieren.« (*Zulliger* 1957, S. 76, 77). Bei einer tiefenpsychologischen Testprüfung zeigte sich, daß der Junge eine gute Intelligenz besaß. Diese konnte er nicht zum Ausdruck bringen. Die Ursache für die scheinbar niedrige Intelligenz war auf das Erleben des Angebundenseins in der frühen Kindheit zurückzuführen. Damals wurde der Junge zu absoluter Passivität gezwungen. Diese Passivität verhinderte die Entfaltung der intellektuellen Fähigkeiten.

Das Kind versuchte auch in der Schule von Anfang an, jenes Verhalten zu äußern, mit dem es sich damals vor der strengen Pflegemutter retten konnte: sich unauffällig machen, sich passiv verhalten. »Er gab sich ›schwach‹, um die Hilfsbereitschaft herauszufordern. Aber er gab sich auch ›schwach‹ in den Schulleistungen . . .« Er war auch »in bezug auf die Entfaltung seiner intellektuellen Gaben ›angebunden‹ . . .« (*Zulliger* 1957, S. 78)

4.2.3. Der zurückgestaute Bewegungsdrang eines Jungen führt zu »Zappeligkeit« und Schulversagen

Ein drittes Beispiel für gestörtes Lernen, das durch die Behinderung der Bewegungsimpulse verursacht wurde, stammt von *Müller-Eckhard*. Es handelt sich um einen Jungen, der in der Schule nicht stillsitzen konnte und dadurch den Unterricht störte. Aus der Lebensgeschichte dieses lerngehemmten Kindes wurde folgendes bekannt: Die Familie wohnte in einem vornehmen Haus. Der Hausbesitzer konnte keine Kinder leiden, hielt sich jedoch sechs Hunde. Rudolfs Familie bewohnte den ersten Stock, der kindfeindliche Hausbesitzer das Parterre. Wenn dieser durch seine Hausangestellte sagen ließ, Rudolf möge sich ruhiger verhalten, vor allem aber nicht so laut durch die Zimmer gehen, wurde der Vater des Jungen so aufgebracht und jähzornig, daß er sofort zum Lineal griff und seinen Sohn damit verprügelte. Durch diese sich ständig wiederholenden Erfahrungen mußte der Junge sämtliche Bewegungsantriebe verdrängen; es kam zu einem Stau der motorischen Impulse.

Der Schüler ging nach der Schule nur ungern nach Hause. »Einmal hielt er sich nach Beendigung des Unterrichts bis vier Uhr nachmittags in einer Anlage auf. Den Schulranzen auf die Brust geschnallt, spielte er Eisenbahn, indem er dauernd um ein Rondell lief und heftig mit den Füßen auf den Parkweg stampfte. Zu Hause angekommen, wurde er wieder rücksichtslos verhauen und mußte bis zum Abend auf seinem Stuhl sitzenbleiben, ohne auch nur einmal aufstehen zu dürfen. Ist es ein Wunder, daß sich der durch das kindfeindliche Verhalten der Eltern zurückgestaute Bewegungsdrang außerhalb des Elternhauses, in der Schule entladen mußte?« (*Müller-Eckhard* 1955, S. 36).

Während des Unterrichts wurde Rudolf fortgesetzt ermahnt und wegen seiner Zappeligkeit mit Strafen bedroht. Auf Drängen der Lehrerin hin brachte man den Schüler in einem Kinderheim unter. Dort erhielt der Junge noch mehr Einengung und geriet nun auch in einen schulischen Rückstand, der nicht mehr aufzuholen war. Aus dem »zappeligen« Schüler war ein »dummer« Schüler geworden. Warum? – Alle Antriebe des Kindes wurden »systematisch und gewaltsam gedrosselt, sein Drang, sich affektiv zu entladen, seine Bewegungsimpulse, seine Spielphantasie, seine Lärmbedürfnisse. Am Ende einer solchen ›Erziehung‹ erscheint immer das Zustandsbild eines ›dummen‹ Kindes. Man vergaß, daß die Entfaltung der Intelligenz nur möglich ist, wenn Affektentladung, Bewegungsimpulse, Spielphantasie und Lärmbedürfnis mindestens geduldet werden«. (*Müller-Eckhard* 1955, S. 37)

Die Beispiele zeigen: Ein Kind, das sich nicht unbefangen bewegen darf, kann seelisch und körperlich erkranken. Indem sein Bewegungsdrang eingeengt wird, erfährt es eine Einschränkung seiner Eigenbewegung: Nicht nur im körperlichen Bereich darf es sich nicht mehr bewegen, sondern auch im gefühlsmäßigen und intellektuellen Bereich. So kann frühe motorische Behinderung – wie sich in der Psychotherapie solcher Menschen zeigt – zu seelischer Fehlentwicklung, zu Lern- und Arbeitsstörungen und zu seelisch bedingten körperlichen Erkrankungen führen.

4.3. Die Behinderung der Bewegungsimpulse in der Schule

Was wir an individuellen Einzelschicksalen als lernhemmend erkannt haben, ist in vielen Schulen geradezu feste Einrichtung. Sich ruhig verhalten und Bravsein sind immer noch Eigenschaften, die manche Lehrer als die wertvollsten Schülertugenden ansehen.

4.3.1. Die Bewegungsfeindlichkeit der Schule

Daß es trotz vieler Reformvorschläge um die motorischen Möglichkeiten der Kinder in der Schule nicht gut bestellt ist, kann jeder beobachten. Auch wenn die Hände nicht mehr auf die Bank gelegt oder verschränkt werden müssen, ist das Stillsitzen ein hohes Ziel. Und selbst die Turnstunden sind oft kümmerlich entstellt, wenn man die Umkleidezeiten abrechnet, den Weg in die Turnhalle und die langen Wartezeiten, bis man bei großen Klassen darankommt. Davon abgesehen, fallen Turnstunden leichter aus als Rechen- oder Deutschstunden. – Wandertage und Spielstunden sind zwar ministeriell vorgeschrieben; aber viele Lehrer haben nicht eingesehen, daß solche Unternehmungen dem Lernen nicht Zeit wegnehmen, sondern die Lernbereitschaft steigern. Und der Kampf gegen Lehrer und Lehrerinnen, die ihre Schüler die Pause paarweise herumspazierend verbringen lassen oder gar auf dem Platz sitzend, ist noch nicht allerorts gewonnen.

Schüler, die im Schulhaus laufen oder rennen, anstatt gemessenen Schrittes zu gehen, lösen in vielen Lehrern Entrüstung aus – sogar Verweise gibt es für diese Verbrechen. Treppaufwärts zwei Stufen auf einmal zu nehmen, ist schon verwerflich. Und wohin kämen wir, wenn jeder so die Treppen hinunterpoltern würde? – Der Vorstellung manches ordnungswütigen Schulleiters entspräche es am meisten, wenn sich die Schüler laut- und bewegungslos verhielten. Das müßten wirklich kranke Kinder sein!

4.3.2. Motorische Einengung beim Erlernen des Schreibens

Deutlich zeigte sich früher die motorische Einengung beim Schreibenlernen der Schulanfänger. Und gelegentlich ist es heute noch so, daß Kinder von Anfang an mit spitzem Bleistift auf weißes Papier in Heftgröße schreiben müssen. Viele Kinder verkrampfen sich aber, wenn man von ihnen kontrollierte, feine Bewegungen verlangt. Natürlicher dagegen verläuft die Entwicklung der Schreibbewegung bei Lehrern, die ihre Schulanfänger von der großen Form ausgehen lassen. Hier dürfen die Schüler ihre ersten Schreibübungen zum Beispiel mit stumpfen Wachsmalstiften auf grobe, möglichst große Bögen Packpapier auf dem Tisch, an einer Staffelei oder an der Wandtafel ausführen. Von diesen Übungen, an denen noch die ganze Körperbewegung des Kindes beteiligt ist, gehen sie nach und nach zur Übung der kleineren Form über.

Dieses Beispiel mag für viele schulische Lernsituationen stehen, in denen das Bewegungsbedürfnis der Kinder mehr beachtet werden könnte.

4.3.3. Die Behinderung der Bewegungsfreude im Schulsport

»Leibeserziehung: frisch, fromm, fröhlich – unfrei!«

Unter dieser Überschrift kritisiert *Vinnai* die Beobachtung, daß Schulturnen und -sport nicht von der Freude an der Bewegung und am Spiel her gesehen und aufgebaut werden. In der Leibeserziehung gehe man immer noch von Unterordnung als Notwendigkeit aus; sie diene weniger der Lust als dem leistungsorientierten Kräfteeinsatz und manchmal sogar der Quälerei. Manche Turnlehrer, so meint *Vinnai,* sähen im Turnunterricht die Ablenkung von »bösen Trieben«, ein Mittel, unser Triebleben zu beherrschen. »Anstatt dem Körper aus seinen Verzerrungen herauszuhelfen, unterwirft ihn der Schulsport dem Realitätsprinzip einer undemokratisch organisierten, entfremdeten Arbeitswelt . . . Der Leistungsfetischismus bringt es mit sich, daß Sportlehrer Schüler, die sportliche Spitzenleistungen versprechen, bewußt oder unbewußt stärker fördern als leistungsschwache Schüler, die wegen Entwicklungsstörungen in erster Linie pädagogische Betreuung benötigen. Dem Leistungsfetischismus entsprechen Zensuren für athletische Leistungen. Sie werden meist nach starren Maßstäben verabreicht und diskriminieren konstitutionell benachteiligte Schüler ebenso wie diejenigen, die sich Konformitätszwängen entziehen wollen. Von der Bewunderung des Rekords besonders infizierte Leibeserzieher drängen auf die Einrichtung besonderer Sportzweige an den Schulen, auf die Etablierung von Produktionsstätten für sportlichen Ruhm in den Arenen des Showsports.« (*Vinnai* 1970, S. 164, 165) So kann für manche Schüler selbst Turnen zum unbeliebten Schulfach werden, weil hinter Ordnungsübungen, strammem Geräteturnen, Warten, bis man »darankommt«, wenig Raum für Freude an der spontanen Bewegung bleibt.

Man kann beobachten, daß auch den Turnunterricht zu sehr das Leistungsprinzip bestimmt. – Wer bewegt sich denn noch unbefangen, wenn es darum geht, daß die Übung zensiert wird? Und diese Benotung geschieht oft nach fragwürdigen Maßstäben – ohne zu berücksichtigen, ob ein Schüler von seinem Körperbau her denn für bestimmte Sportarten geeignet ist.

4.4. Die Bewegungsfeindlichkeit der Schule beeinträchtigt das Lernen

Unter lerngehemmten Schülern finden wir Kinder, deren Umwelt die kindlichen Bewegungsimpulse früh beeinträchtigte: Manche wurden angebunden, andere bestraft, wenn sie sich zu ungestüm bewegten, manche eingesperrt. Tiefenpsychologische Beobachtungen zeigen, daß diese Kinder später nicht nur hinsichtlich ihrer Körperbewegungen, sondern auch intellektuell »angebunden« waren. Sie konnten ihre Lernfähigkeit nicht entfalten, weil sie sich nicht unbefangen auf die Welt zubewegen durften.

Auch *Bettelheim* beobachtete unter den Kindern, die er betreute, den Zusammenhang zwischen Bewegungshemmung und Lernhemmung: Ein bewegungsgehemmter Junge konnte trotz eines sehr hohen Intelligenzquotienten und trotz überragender Fähigkeiten keine befriedigenden Lernerfolge erzielen – eben weil die motorische Hemmung zu einer intellektuellen Blockierung führte. »Man ist sich allgemein darüber einig, daß das Kind die Welt nur aktiv bemeistern, erkennen und verstehen lernt, indem es die Fähigkeit entwickelt, sich . . . zielstrebig zu bewegen.

Bis dahin bleibt das Kleinkind vollkommen abhängig vom Erwachsenen und gewinnt kein Verständnis der Welt. Sobald es beginnt, sich selbständig und zielstrebig zu bewegen, erwirbt das Kleinkind ein wenig Unabhängigkeit, die eine Zeitlang genau in dem Maß zunimmt, in dem das Kind fähig wird, sich immer freier zu bewegen und seine Körperorgane zum Erforschen der Welt zu gebrauchen.

In ähnlicher Weise haben wir bei unseren bewegungsgehemmten Kindern, selbst bei den hochintelligenten, beobachten können, daß selbständiges Denken und schließlich die Fähigkeit, sich zu einer eigenständigen Persönlichkeit zu entwickeln, genau wie bei Kleinkindern erst auftraten, nachdem die Kinder die Fähigkeit erworben hatten, sich frei und ohne Unterstützung zu bewegen.« (*Bettelheim* 1970, S. 217)

Wir können uns vorstellen, wieviel Spontaneität, wieviel Leistungsmöglichkeit durch die Schule vergangener Jahrzehnte unterbunden wurden: Damals mußte man still in der Bank sitzen und möglichst nirgends anders hinschauen als zum Lehrer; man sollte auch beim Sprechen ruhig stehen, »Haltung« annehmen; und natürlich konnte man sich auf keinen Fall dem Nachbarn zuwenden. Diese Schule, in der man auf Kommando schrieb und in der schon ein Hinunterbeugen nach einem von der Bank gefallenen Bleistift strafbar war, ist heute überwunden. Aber ihre erstarrten Rückstände sind noch überall anzutreffen. Für die vergangene Schule war die »Lernhemmung« geradezu ein Ziel des Unterrichts: Eigenes, selbständiges Denken, spontanes Zugreifen, Widerspruch und geistige Auseinandersetzung waren höchst unerwünscht.

Die Bewegungsfeindlichkeit der Schule hemmt nicht nur die Bewegung an sich, sondern die Spontaneität des Kindes insgesamt. Indem die Motorik eingeengt wird, leiden auch die anderen Antriebsbereiche. Sich nicht rühren dürfen ist – jedenfalls für das jüngere Kind – gleichbedeutend mit Gequältwerden. Der übertriebene Zwang zum langen Stillsitzen lähmt die Aktivität und schafft innere Unruhe.

4.5. Vorschläge zur stärkeren Berücksichtigung der Bewegungsimpulse in der Schule

Wir haben gesehen, daß die Behinderung der motorischen Impulse das Lernen hemmen kann. Die Einengung der kindlichen Motorik kommt einer existentiellen Behinderung gleich. Es wirkt neurotisierend, wenn sich die Bewegungsimpulse nicht frei entfalten können. Wir dürfen es deshalb nicht den Turn- und Sportlehrern sowie den Orthopäden überlassen, mehr Bewegungsmöglichkeiten für die Schüler aller Altersstufen zu fordern. Die folgenden Vorschläge ergeben sich aus der angeführten Kritik. Sie sollen nur Beispiele darstellen und sind nicht vollständig.

4.5.1. Turnen und Sport als Freude an der Bewegung

Daß es manchen Lehrern gelingt, selbst Turnen für einen Teil der Schüler zu einem verhaßten Fach zu machen, ist erstaunlich. Es ist wohl überall dort der Fall, wo Leistung, Disziplin und Unterordnung als Kernstücke der Turnstunde angesehen werden. Da spielen das Aufstellen der Größe nach, das Aufmarschieren in bestimmten Formationen, das ordentliche Anstellen am Gerät, das Nicht-Schwätzen oft eine übergeordnete Rolle; und manche Klasse mußte auf dem Weg zur Turnhalle wieder umkehren, weil sie nicht ruhig und ordentlich gegangen war. Aber ist eigentlich schon einmal eine Rechenstunde abgebrochen oder nicht gehalten worden, weil die Klasse nicht ruhig war? Das Turnen wird als Disziplinierungsmittel mißbraucht durch die Drohung: Wenn ihr nicht ordentlich seid, dann... Der Gedanke, daß die Sportstunden in der Schule Freude machen dürfen und sollen: dieser Gedanke ist zu wenig verbreitet. Lust und Liebe zur Sache wurden hier ähnlich ausgeschaltet, wie dies im Bereich der Sexualität geschehen sollte.

Der Schulsport muß sich an Bewegungsdrang und Bewegungsfreude orientieren. Nur so kann der Schüler über seine Körperbewegung zu Eigenmachts- und Freiheitsgefühlen kommen. Wir sollten die Ausformung des Selbstbewegungsdranges anregen und unterstützen.

Vinnai schreibt: »Dem Leib zu seinem Recht zu verhelfen bedeutet, ihn der Lust zur Verfügung zu stellen. Das Bestreben, den Körper einer Maschine anzugleichen, welche eine wildgewordene Ökonomie verwerten kann, muß dem selbsttätigen, vom Eros geleiteten Spiel weichen. Zärtlichkeiten, erotisch getönte Körperkontakte auf dem Schulgelände pflegen jeden aufrechten Schulmann zutiefst zu beunruhigen. Der robuste, aggressive Kräfteeinsatz, verbunden mit dem disziplinierten Innehalten der etablierten Regeln, entspricht einer nicht nur im Bereich der Leibeserziehung anzutreffenden Turnlehrermentalität. – Erst wenn sich diese Feststellungen umkehren lassen, hat eine Schulreform stattgefunden, die diesen Namen verdient.« (In: *Beck/Schmidt* 1970, S. 165).

Wir müssen uns fragen, ob der Schüler unbedingt an den Stangen üben soll, wenn es ihm mehr Freude macht, Basketball zu spielen; weshalb er Schlagball spielen soll, wenn er viel lieber Tischtennis spielen würde; weshalb er ausschließlich Leichtathletik betreiben soll, wenn er sich als Schwerathlet fühlt – kurz; wir müssen uns fragen, welche stichhaltigen Gründe es gibt, die Schüler in der Turnstunde nicht das tun zu lassen, was ihrer Freude an der Bewegung entspricht.

4.5.2. Individualisierung im Schulsport

Wenn wir davon ausgehen, daß die Schüler mit Lust und Liebe turnen, daß ihnen die Bewegung Freude machen soll, dann müssen wir von so einengenden Forderungen abkommen, jeder

Schüler müsse am Reck den Felgaufschwung machen. Warum soll ein Schüler, der zu dieser kalten, eisernen Stange, an der man sich die Haut wundreibt, keine Beziehung hat – warum sollen wir diesen Schülern gerade an diesem Gerät einer Kette entmutigender, herabsetzender Erfahrungen aussetzen? Weshalb soll jeder Schüler am Barren den Unterschwung zum Außenquersitz ausführen können, wenn manche von ihrem Körperbau her dazu ungeeignet sind? Weshalb soll jeder Schüler den Kopfsprung vorwärts und den Abfaller rückwärts vom 3-m-Brett machen? Bedenken wir außerdem, daß auch im Turnunterricht manche Lehrer ihr Steckenpferd reiten: Geräteturnen zum Beispiel, Bodenturnen oder Leichtathletik – und nicht danach fragen, was die Schüler freut.

Das heißt nicht, daß wir die Schüler nicht dazu anregen können, Schwierigkeiten zu überwinden und damit ihr Selbstgefühl zu stärken. Das heißt aber vor allem, daß wir die Turnstunde nicht für einen Teil der Schüler zu einer Serie von entmutigenden und unlustbetonten Erfahrungen machen sollen. Und das können wir verwirklichen, wenn wir mehr darauf achten, welche Sportarten, welche Bewegungsformen, welche Spiele dem Schüler von seiner Körperkonstitution und von seiner psychischen Situation her am meisten entsprechen. – Daß das heute übliche Zensursystem auch im Turnunterricht widersinnig und kindfeindlich ist, sei nur nebenbei vermerkt.

»Eine ›Fünf‹ im Sport kann bei einem ›Dicken‹ dessen Unfähigkeit kennzeichnen, beim Springen eine bestimmte Höhe oder Weite zu überwinden. Daß er sich riesige Mühe gegeben haben mag, es zu schaffen, bleibt oft unberücksichtigt. Unbegründet bleibt auch, welchen Sinn und Zweck es für diesen Schüler hat, eine bestimmte Höhe oder Weite durch Sprung zu überwinden. Als die Armee noch die Schule der Nation und die Schule deren Vorschule war, da hatte es einen Zweck, ein guter Springer zu sein.« (*Evers* 1971, S. 96)

4.5.3. Die Idealforderung der täglichen Turnstunde

Seit vielen Jahren wird von den Turn- und Sportlehrern die tägliche Turnstunde gefordert. Von der Bedeutung der Bewegungsimpulse für das Lernen her müssen wir diese Forderung unterstützen. In der Realität allerdings sieht es mit der Verwirklichung düster aus: Schon die zwei vorgeschriebenen Turnstunden sind, wie es kaum in einem anderen Fach der Fall ist, davon bedroht, häufig auszufallen. Die in Bayern ab der 3. Jahrgangsstufe zu den beiden Turnstunden zusätzlich ministeriell vorgesehenen zwei Spiel- und Sportstunden werden häufig nicht gegeben. Sie scheitern an räumlichen und personellen Schwierigkeiten – und natürlich auch an der mangelnden Einsicht mancher Lehrer, daß sie notwendig sind. Ähnlich ist es mit den täglichen Bewegungszeiten, die für das erste und zweite Schuljahr empfohlen sind und für die die Zeit stundenplanmäßig vorgesehen ist. Diese Bewegungszeiten werden kaum durchgeführt: Es wird also nicht einmal verwirklicht, was möglich wäre. Deshalb ist es wichtig, die Begründung für mehr Bewegungszeit und mehr Turnstunden in der Schule nicht nur vom körperlichen, vom Gesundheitsaspekt her zu führen – so bedeutsam dieser Aspekt ist –, sondern wir müssen stärker den psychologischen Gesichtspunkt betonen: die Tatsache, daß Schüler besser lernen können, wenn sie ihre Bewegungsimpulse frei entfalten dürfen.

Wie wenig dieser Gesichtspunkt Lehrern bewußt ist, zeigt etwa die Tatsache, daß »unordentliche« Schüler zur Strafe nicht mitturnen dürfen. Der störende Bewegungsstau wird an der Stelle noch verstärkt, an der er auf erlaubte Weise abgeführt werden könnte. – Eine Strafe ist es in der Tat, wenn das Kind ruhig auf der Bank am Rande der Turnhalle sitzen muß, während die anderen sich bewegen dürfen. Aber daß dies keine pädagogische Maßnahme ist, daß dieses Vorgehen – kausal betrachtet – widersinnig ist: So viel sollte ein Berufserzieher sehen können.

4.5.4. Mehr Bewegungsfreiheit und Bewegungspausen

Als Lehrer vergessen wir oft, daß wir selbst in einer bevorzugten Situation sind. Wir können vor der Klasse stehen, herumgehen, wir können uns zwischendurch hinsetzen, können gestikulieren und den Platz wechseln. Wir sind also in unserer Bewegungsfreiheit weniger eingeschränkt als die Schüler. Da der Lehrer sechzehn Jahre sitzen mußte – dreizehn auf der Schule und drei auf der Hochschule –, ist es für ihn gar nicht ungewöhnlich, daß die Schüler vor ihm jetzt auch sitzen, und daß er von ihnen verlangt, stillzusitzen.

Deshalb sollte er – im Hinblick auf ein günstigeres Lernklima – an Bewegungspausen denken. Vor allem sollten die Schulpausen den Schülern ermöglichen, sich im Freien zu bewegen. Der Bewegungshunger ist – jedenfalls bei jüngeren Schülern – so groß wie der Hunger nach Nahrung. Daß sich bei Bewegungspausen die Schüler – zum Beispiel beim Fußballspielen – abhetzen, schadet dem nachfolgenden Unterricht bestimmt nicht mehr, als die aufgestaute Motorik das täte.

Wir können außerdem zwischen den Stunden an Lockerung durch gymnastische Übungen denken. Oder wir schalten – besonders bei jüngeren Kindern – Spielpausen ein, in denen sich die Schüler austoben und somit ihre Bewegungsimpulse abreagieren können.

Auch im Hinblick auf das »anständige Dasitzen« sollten die Lehrer großzügiger sein und bedenken, daß einem das »ordentliche« Sitzen vergehen kann, wenn man vier Stunden auf einem Fleck sitzen soll.

Hellbrügge hat sich aus ärztlicher Sicht immer wieder gegen das fortwährende Sitzen und die zu langen Unterrichtsstunden der Kinder gewandt: »Wegen seines Bewegungsdranges vermag zum Beispiel ein fünf- bis siebenjähriges Kind nicht länger als fünfzehn Minuten, ein acht- bis zehnjähriges nicht länger als zwanzig Minuten aufzupassen. Die tägliche nutzbringende Arbeitszeit liegt deshalb bei Sechs- bis Siebenjährigen etwa bei zwei Stunden, bei Acht- bis Neunjährigen bei dreieinhalb Stunden. Aber selbst diese Zeiten haben nur dann einen Sinn, wenn durch entsprechende Pausen die Leistungsfähigkeit des Kindes erhalten bleibt. Besonderen Wert haben dabei Pausen mit ›tätiger‹ Erholung, also mit Herumtollen, Laufen und Geschrei zur Verbesserung der Sauerstoffaufnahme. Ein Experiment mit französischen Kindern, welche die Hälfte ihrer Unterrichtszeit mit Gartenarbeit zubringen durften, ergab, daß sie am Ende des Jahres bessere Schulleistungen als ihre Altersgenossen aufwiesen, die zwar die doppelte Anzahl von Unterrichtsstunden, aber keine entsprechende körperliche Betätigung gehabt hatten.« (*Hellbrügge* 1972).

Die Einschränkung der Bewegung zeigte sich auch darin, daß früher das »Vom-Platz-Gehen« als schweres Vergehen galt. Wer im Schulzimmer vom Platz ging, mußte mit harten Strafen rechnen. Dabei wäre zu prüfen, ob die Ordnung – an einer inneren Ordnung gemessen – tatsächlich so viel Schaden leiden würde, wenn der Lehrer hier lockerer sein könnte.

Übermäßig unruhigen, »zappeligen« Kindern können wir Bewegungsaufgaben übergeben: Tafelwischen, Hefte einsammeln, Botengänge. Wenn hier der Lehrer mehr überlegt im Hinblick auf die motorischen Bedürfnisse der Kinder, erspart er sich selbst viel Störungen.

Leonard betont in etwas drastischer Weise, wie sehr die erzwungene Bewegungslosigkeit der Schüler dem Lernprozeß schadet: »Die Durchschnittsschule ist in Wirklichkeit kein geeigneter Ort zum Lernen. Sie ist in erster Linie ein Gefängnis. Ihre Grundbedingungen schaffen eine lernfeindliche Stimmung. Physisch wird das Kind überanstrengt durch das lange Sitzen in einer bestimmten Haltung . . . Können Sie sich das Maß an Energie vorstellen, das man dazu braucht, um einfach – gegen jede Regung – still zu sitzen und darauf zu warten, daß man drankommt? Wenn Sie Denkarbeit leisten, möchten Sie aufstehen, sich bewegen, auf- und abgehen. Aber die meisten Schulräume sind so gemacht, daß sie Denken, Lernen, Kreativität verhindern.« (*Leonard* 1971, S. 134).

4.5.5. Mehr Bewegungsunternehmungen

Manche Lehrer unternehmen die Schulwanderung erst dann, wenn die Klasse Bedingungen erfüllt: Wenn sie ordentlich ist oder ein bestimmtes Pensum lernt. Und manche Klasse wird mit der Ankündigung eines Wandertages und der gleichzeitigen Androhung, daß er »ausfällt, wenn . . .« über Wochen oder Monate hinweg in Schach gehalten. So, als wäre ein bestimmtes Verhalten Voraussetzung für einen Schulausflug. Wir sehen an so einem Beispiel, wie in unseren Schulen vielfach primitives Macht-Denken vor jeder psychologischen oder pädagogischen Überlegung steht. Vom psychohygienischen Gesichtspunkt her müssen wir andersherum denken: Ein Wandertag kann eine günstige Voraussetzung für vom Lehrer angestrebte Verhaltensweisen der Schüler werden. Er kann als Höhepunkt im Schulalltag die Lernbereitschaft steigern und für die Klasse als Lerngruppe günstige Nebenwirkungen haben.

Auch Unterrichtsgänge führen ein kärgliches Dasein im Schulalltag. Man lernt Blumen und andere Pflanzen aus dem Buch – anstatt an einem Frühlingstag hinauszugehen und sie unter persönlicher Anteilnahme zu entdecken. Und der Erfolg unserer Schule ist auch daran zu messen, daß es Abiturienten gibt, die keine Eiche von einer Buche unterscheiden können, keine Amsel von einer Drossel, keine Schichtwolke von einer Haufenwolke oder einer Federwolke: die also während ihrer Schulzeit wenig Chanen bekamen, die Dinge um uns durch das Hinausgehen in die Natur kennenzulernen.

4.5.6. Mehr »Eigenbewegung« im Rahmen des Unterrichts

Auch vom Bewegungsaspekt her ist die immer wieder gestellte und mit einer Konsequenz ohnegleichen mißachtete Forderung zu unterstützen: Lernen durch eigenes Tun! – anstatt durch passives Zuhören. Wo der Schüler durch erfolgbringende Einzelarbeit und sinnvolle Gruppenarbeit selbständig sein kann, hat er äußerlich und innerlich mehr Möglichkeiten, seine Eigenbewegung auszuformen als dort, wo der Unterricht so angelegt ist, daß der Schüler überwiegend zuhören und aufnehmen muß.

»Es ist die kindliche Freude an der Bewegung, am Hantieren und Manipulieren, die allein schon einen Gegenstand anziehender gestalten kann.· Wo im Rechenunterricht wirklich gemessen, dazugelegt, weggenommen, geteilt wird, wo bildhafte Sprache in Handlung zurückverwandelt wird, wo der Schüler im Naturlehreunterricht den Gegenstand in tätiger Fragestellung angreift, wo Wasserräder gebaut, Lochkameras konstruiert oder einfachste Elektromotoren entworfen werden, wo das historische Ereignis in Szene, Handlung und Bewegung vergegenwärtigt wird, da überall ist an ein Grundmotiv appelliert, mit dessen Ansprechbarkeit der Lehrer rechnen kann.« (*Schiefele* 1968, S. 165)

Das Kind begleitet zum Beispiel sein Denken mit Bewegungen. Diese kindlichen Gebärden dürfen wir nicht verbieten durch ständige Ermahnungen: »Jetzt stell dich doch mal gerade hin. . .! Halte endlich deinen Fuß still . . .! Setz dich aufrecht hin, wenn du sprichst . . .! Mach doch nicht dauernd solche Grimassen beim Erzählen . . .!«

Wie soll ein Kind gelockert und natürlich sprechen, wenn es den Sprechvorgang damit beginnen muß, gerade Haltung anzunehmen, darauf zu achten, daß es nicht anlehnt und daß es ruhig stehen bleibt. Indem wir den motorischen Drang des Kindes zurückweisen, hemmen wir seinen Ausdruck. Deshalb erlauben wir ihm also seine Gestik, weil sie Teil des Ausdrucksgeschehens ist.

Es wirkt hemmend auf das Kind, wenn es seine Körperbewegungen bewußt kontrollieren und einschränken soll. – Heute gibt es kaum noch Klassen, in denen man die Hände auf die Bank legen oder auf der Brust verschränken muß. Diese äußeren Maßnahmen vergangener Jahrzehnte waren sichtbarer Ausdruck dafür, daß das Kind nicht geistig aktiv zugreifen durfte. Die Hände, ursprünglichstes Organ des Zupackens, wurden gleichsam gefesselt: so mußte sich das Kind verkrampfen. Die Spontaneität wurde unterdrückt zugunsten eines unselbständigmachenden Stillsitzens und untertänigen Gehorchens. Die Bewegungshemmung wurde zur Lernhemmung.

Je jünger die Kinder sind, desto mehr ist alles, was sie tun, mit Bewegung verbunden. Wenn sie beim Spielen miteinander sprechen, stehen sie nicht steif da, sondern begleiten das Sprechen mit vielerlei Bewegungen. Sie treten von einem Fuß auf den anderen, bewegen die Hände, rutschen auf dem Stuhl hin und her, halten sich an einem Gegenstand fest, drehen etwas in den Händen herum, verrenken ihren Körper. Das Sprechen geht mit vielgestaltigen Körperbewegungen einher. Bei Schülern der Grundschule ist diese das Sprechen begleitende Bewegung noch heftiger als bei den Größeren.

Manche Lehrer beklagen sich über die Unbeweglichkeit und Passivität der Schüler: Weder körperlich noch geistig wollten sie sich aktivieren. Und sie verweisen auf der anderen Seite auf die übertriebene Aggressivität Jugendlicher, der Lehrer heute vielfach ausgesetzt sind. Aber dieses enge Beieinanderliegen von Aggressivität und Passivität, von Auflehnung und Apathie hat auch damit zu tun, daß den Schülern in zu großem Ausmaß verwehrt wird, aktiv zu sein. Sie müssen den oft kaum abreißenden Redefluß des Lehrers über sich ergehen lassen; es werden ihnen sinnlose Stoffmassen eingeflößt, die sie gar nicht aufnehmen und noch weniger verdauen können. In dieser Situation bleibt manchen Schülern nur die Resignation: völlige Gleichgültigkeit, Ergebenheit – eine Art Schuldepression. Oder es kommt zur zerstörerischen Aggression, weil den Schülern zu wenig produktive Aggression – und dazu gehört auch die Bewegung und das eigene Zupacken – zugestanden wird.

Wir müssen also sehen, daß hinter der beklagten Passivität eine tiefe Hilflosigkeit stecken kann: Hilflosigkeit, in die ein Mensch gerät, der nichts tun darf, der nicht wirklich tätig sein darf, dem Aktivitäten verwehrt werden, die er mit seinem persönlichen Sein verknüpfen kann. Die geringe Berücksichtigung der Eigenbewegung im weitesten Sinne muß bei einem Teil der Schüler Lustlosigkeit und Schulverdrossenheit zur Folge haben.

Zusammenfassung:

Die Tiefenpsychologie weist darauf hin, wie wichtig es ist, daß sich die Bewegungsimpulse unbehindert entfalten. An Einzelschicksalen zeigt die Psychoanalyse auf: Wenn wir den Bewegungsdrang einschränken, hemmen wir das Lernen. Sichbewegen ist für das Kind ein existentielles Bedürfnis. Eingeengte motorische Impulse und angestauter Bewegungsdrang können zu Intelligenzhemmung und Schulversagen führen.

In der Schule werden die Bewegungsimpulse der Schüler mehr behindert als gefördert. In mancher Hinsicht ist die Schule geradezu bewegungsfeindlich. Und das ist nicht nur innerhalb der Schulfächer im engeren Sinn der Fall, sondern auch in dem Bereich, der der Bewegung gilt: im Turnunterricht.

Aus der tiefenpsychologischen Beobachtung heraus, daß gehemmter Bewegungsdrang psychisch krank macht, können wir annehmen: Die Bewegungsfeindlichkeit der Schule führt dazu, daß sich der Schüler in seiner Lernleistung nicht voll entfalten kann, daß er in bestimmten Fällen sogar im Lernen gehemmt wird.

Aus dem psychologischen Tatbestand wäre zu folgern, die Bewegungsimpulse von Kindern und Jugendlichen in der Schule stärker zu berücksichtigen. Turnen und Sport sollten vor allem die Freude an der Bewegung erwecken und entfalten. Dabei ist von einem Turnunterricht, in dem alle das gleiche machen müssen, abzukommen im Sinne einer Individualisierung, die der psychischen und körperlichen Situation des Kindes gerecht wird. Wenn schon die Idealforderung der täglichen Turnstunde schwer zu erfüllen ist, so sollten wenigstens alle anderen Chancen genützt werden, den Schülern mehr Bewegungspausen einzuräumen und häufiger Bewegungsunternehmen durchzuführen. Im gesamten Unterricht müßte mehr Raum für die »Eigenbewegung« der Schüler geschaffen werden: also echte Bewegungsfreiheit im schulischen Leben und Lernen.

So kann es sich nicht nur darum handeln, von der Schule zu erwarten, daß sie den Schülern mehr Bewegung im Sinne des

Motorischen zubilligt, sondern es geht darum, dem Schüler mehr Raum zu schaffen für Aktivität, Spontaneität, für echtes Tätigsein und persönliches Handeln. Wir schaffen so Bewegungs-Freiheit als Anstoß für die Selbstverwirklichung des Schülers.

5. Das zurückgewiesene Interesse

Die Behinderung von Neugier und Wißbegierde

Das Interesse ist die sicherste Grundlage des Lernerfolgs. Wenn ein Schüler wißbegierig ist, wird er rasch auffassen und gut behalten. Das Lernen wird quälend und unergiebig, wenn die Aufgeschlossenheit für den Lernstoff fehlt. Ein Lehrer, dem es gelingt, seine Schüler lernbereit zu machen, hat das Wichtigste getan, was er überhaupt für das Lernen seiner Schüler tun kann. Denn Interesse ist nicht etwas, das man einfach *hat*, sondern etwas, das man lernen kann.

5.1. Die Anfänge des Interesses – mögliche Behinderungen

Auch im Hinblick auf das Interesse macht das Kind in der Vorschulzeit Erfahrungen, die für sein späteres Lernen entscheidend sind. Die Psychoanalyse zeigt auf, daß zum Beispiel die Zurückweisung des sexuellen Interesses das Forschen und Denken einschränken kann. Für ein Kind, das nicht unbefangen fragen und schauen darf, wird es schwierig, Lerninteresse zu entwickeln; mißglücktes Neugierverhalten muß das Lernen hemmen. Ich möchte versuchen, das aufzuzeigen und daraus einiges für den Schulunterricht zu folgern.

5.1.1. Der Aufforderungscharakter der Welt

Ob sich ein Kind der Welt aufschließt und sich ihr zuwendet oder ob es sich verschließt und sich von ihr abwendet, hängt bereits von Erfahrungen im ersten Lebensjahr ab. Man spricht davon, daß die Welt für das Kind von Anfang an Aufforderungscharakter haben soll, das heißt, daß sich ihm die Welt interessant und anziehend darbietet. Schon in den frühesten Lebensmonaten und -jahren wird das Lernen dadurch bestimmt, mit welchen Gefühlen die Erfahrungen des Kindes verknüpft werden. Wenn das Kleinkind Gegenstände wahrnimmt, verbindet es diese Wahrnehmungen mit Gefühlen. Sind diese Gefühle angenehm, dann neigt das Kind dazu, sich weiterhin diesen Gegenständen zuzuwenden; sind sie dagegen unangenehm, dann trachtet es danach, sie zu vermeiden. Bereits im ersten Lebensjahr ist für den Säugling der anteilnehmende und belebende Kontakt zu seiner Umgebung wichtig; andernfalls bricht er die Beziehung zur Welt frühzeitig ab.

Wenn der Säugling aufgeschlossen auf die Welt zustrebt – sie mit dem Mund einverleibend, schauend, greifend, lauschend – dann muß eine Bezugsperson da sein, die diese Impulse aufnimmt und fördert. Ein Kind, dessen Greifversuche ins Leere gehen, dessen Lautäußerungen keine Antwort durch das Sprechen der Mutter bekommen, ein Kind, das immer ins Nichts schauen muß, wird von der Welt nicht so angemutet, daß es sich auf sie zu bewegen möchte. Solche Kinder, deren frühe Annäherungsversuche an die Umgebung nicht liebevoll unterstützt werden, machen später einen gleichgültigen, apathischen Eindruck; nichts vermag sie anzusprechen. Es ist, als müßten sie ständig an den Dingen vorbeisehen und könnten sich nicht von ihnen ansprechen lassen.

5.1.2. Die Fragelust der Kinder

Kleine Kinder sind von großer Wißbegierde erfüllt. Sie drückt sich aus in der unermüdlichen Fragelust. Man spricht deshalb in der Entwicklungspsychologie von zwei Fragealtern. Im ersten, das mit etwa eineinhalb Jahren beginnt, fragt das Kind nach den Namen der Dinge. Mit seinen Benennungsfragen ist es auf der Jagd nach den Dingbezeichnungen. Erst wenn das Kind die Namen kennt, kann es von den Dingen Besitz ergreifen und sich zugleich als Person von den Dingen absetzen.

Im zweiten Fragealter – etwa ab drei Jahren – geht es ihm nicht mehr um die Namen, sondern um die Zusammenhänge. Die Erwachsenen werden unermüdlich mit den Fragen nach dem Warum, Wo, Wer, Wann bedrängt. Man hat dieses Fragen mit dem Gehenlernen verglichen: Mit dem Fragenkönnen macht das Kind einen ähnlichen Fortschritt in seiner geistigen Entwicklung, wie ihn das Gehenlernen auf dem Gebiet der körperlichen Entwicklung darstellt. Ein Kind, das laufen kann, braucht nicht mehr darauf zu warten, bis die Dinge zu ihm kommen. So besitzt das fragende Kind jetzt ein Mittel, sich seine Umwelt geistig einzuverleiben und seine Umgebung zu veranlassen, ihm dabei zu helfen. Das Fragen ist die Urform des Denkens. Deshalb werden Denken und Lernen behindert, wenn wir die kindlichen Fragen unterdrücken oder ins Leere gehen lassen.

5.1.3. Das sexuelle Interesse der Kinder

In der Zeit zwischen vier und sechs Jahren wird das Fragen und Forschen durch die sexuelle Neugier angetrieben. Das Kind will herausfinden, worin sich Mann und Frau unterscheiden, es interessiert sich für den Bau der Geschlechtsteile; es fragt nach Zeugung, Schwangerschaft und Geburt. Dieser sexuelle Forschungsdrang ist eingebettet in alle anderen Fragen, die das Kind an die Welt richtet. Er ist Teil der Neugier, mit der es hinter alle Dinge kommen möchte. Herausgehoben wird die sexuelle Neugier nur dann, wenn die Erwachsenen auf das Sexualinteresse anders reagieren als auf die übrige Wißbegier.

Fragen nach sexuellen Vorgängen werden dem Kind oft nicht beantwortet oder sie gelten als verboten. Das Kind erlebt dann, daß es besser ist, sie zu unterlassen. In solch einem Fall endet also der Forschungsdrang des Kindes in einem Verzicht, der gleichzeitig den gesamten Wissenstrieb schädigen kann. Indem diese Kinder erfahren, daß Fragen gefährlich ist, werden sie vom Denken abgeschreckt. Das Wissenwollen ist für sie verboten. Daß man zu einem so wichtigen, interessierenden Thema nicht fragen und denken darf, führt zu dem Erleben, nicht nur im sexuellen Bereich sei Denken verboten, sondern überhaupt. So kann die Unterdrückung des sexuellen Forschens dazu führen, daß auch das Denken gehemmt wird. Zwar ist diese Unterdrückung heute in viel geringerem Umfang als früher vorhanden, aber wir dürfen nicht annehmen, daß die gegenwärtige Aufklärungswelle schon ein Anzeichen für die Lösung des Problems ist.

5.1.4. Die Schaulust der Kinder

Auch die Einschränkung der Schaulust-Wünsche kann das Lernen behindern. – Für die Entwicklung der Wißbegierde sind die Schaulustimpulse wichtig. Erfährt das Kind von früh an, daß man nicht überall hinschauen darf, können diese Schaulustimpulse stark eingeschränkt werden: Etwa wenn das Kind getadelt wird wegen des Betrachtens andersgeschlechtlicher Genitalien, oder wenn es wegen des »Doktorspiels« gestraft wird, mit dem die Kinder in die genitalen Geheimnisse der Erwachsenen eindringen möchten. Kinder, die ängstlich abgelenkt werden, wenn junge Leute zärtlich zueinander sind, die zum Wegschauen aufgefordert werden, wenn Hunde sich begatten, müssen das Schauen einschränken. Lernen durch Hinschauen wird für sie zu etwas »Schlechtem«.

Das Kind will mit den Augen alles einfangen – auch das Sexuelle. Dieser kräftige Impuls des Hinschauen-Wollens wird durch Verbot oder Strafe der Erziehungsperson behindert. Das Kind bekommt Angst vor der Strafe, im weitesten Sinn vor Liebesverlust. Um diese Angst zu vermeiden, muß die gegenwärtige seelische Regung – der Wunsch, Geschlechtliches anzuschauen – aus dem Bewußtsein beseitigt werden. So kommt es zur Verdrängung, jenem »beabsichtigten Vergessen«, das den Impuls nicht wirklich erledigt, sondern ihn im Unbewußtsein weiterwirken läßt. Solche Kinder nehmen nur noch lückenhaft wahr. Bestimmte Bereiche sind der Beobachtung nicht mehr zugänglich. Später laufen sie wie mit Scheuklappen umher; sie gehen blind durchs Leben, unfähig, selbständig zu beobachten. Ein lerngehemmter junger Mann, dessen Schaulustwünsche in der Kindheit stark eingeengt wurden, erzählt, daß er überhaupt nirgends richtig hinschauen dürfe.

»Beim Aufgabenlösen habe ich den Eindruck, als versteckten sich die Gedanken ... Ich verlege auch sehr oft Sachen; es ist fast so, als müßte ich sie verstecken, um sie dann nicht mehr zu finden . . . Beim Lernen kommt es mir so vor, als dürfte ich gar nicht logisch denken . . . Ich durfte in meiner Kindheit nie richtig schauen. Wenn sich meine Eltern auszogen, mußte ich mich umdrehen. Als ich einmal mit Jungen und Mädchen aus der Nachbarschaft in einer alten Holzhütte ›Doktor‹ spielte und die anderen Kinder betrachtete und betastete, wurde ich ertappt und schwer bestraft. So bekam ich vom ›Schauen‹ mehr und mehr den Eindruck: Das darf man doch nicht! . . . Mit sechzehn Jahren schenkte mir mein Vater einen Bildband mit farbigen Kunstdrucken aus der Malerei; aus diesem Kunstband hatte er vorher die Seiten mit nackten Frauen und Männern herausgeschnitten. Mein Vater duldete keine Illustrierten. Auch mich selbst durfte ich nicht anschauen; das sei unschamhaft, hieß es dann.«

Wie weit die Blickfeldeinengung führte, zeigt folgendes: Obwohl nach dem jungen Mann noch fünf Geschwister zur Welt kamen, kann er sich nicht entsinnen, daß die Mutter schwanger war. Und er sagt dazu: »Ich habe mir nie Gedanken darüber gemacht, woher diese Kinder kommen. Ich weiß nur, daß der

Vater einmal zu mir sagte, ich müsse ganz artig sein, weil Mama ein Kind kriege. Ich durfte nicht ins Schlafzimmer und wurde ständig angehalten, ruhig, brav und gehorsam zu sein.«

Auf diesem Entwicklungshintergrund kann man sich gut vorstellen, daß jetzt der junge Mann oft das Gefühl hat, er dürfe nicht schauen und nicht denken.

5.1.5. Die ersten Schulerfahrungen

Die beschriebenen Erfahrungen in den ersten sechs Lebensjahren sind also bedeutsam. Entscheidend sind aber auch die allerersten Schulerfahrungen des Kindes. Wir wissen, daß viele Kinder aufgeschlossen, neugierig, interessiert dem Schulbeginn entgegensehen. Oft aber erleben sie schon am allerersten Schultag eine bedrückende Enttäuschung. Sie dürfen nichts lernen, sondern müssen Reden über sich ergehen lassen, die die Lehrerin an die Eltern richtet; es wird ihnen verwehrt, tätig zu sein, weil Organisatorisches besprochen werden muß. Und bei den meisten Kindern kann der in jeder Hinsicht fragwürdige Brauch der Schultüte nicht die Enttäuschung mildern, die sie empfinden, weil ihr erster Schultag gar nicht *ihr* erster Schultag ist, sondern Sache von Lehrerin und Eltern. Dieser erste Schultag, so wie man ihn vielfach beobachten kann, ist ein bezeichnendes Merkmal dafür, wie Lerninteresse und Lernbereitschaft der Kinder mißachtet werden.

Beobachtungen und Untersuchungen zeigen, daß frühe Schulerfahrungen oft die Weichen dafür stellen, wie sich ein Kind dauerhaft auf das Lernen einstellt. Besonders Erlebnisse des Versagens von leistungsschwachen Kindern führen zu Angst vor der Schule und zu einem Zurückweichen vor dem Lernen. Wenn aber einmal Schulunlust besteht, ist es für das Kind schwer, Interesse zu entwickeln, jedenfalls in den Bereichen, die in der Schule zählen.

So zeigt sich später, daß ein Fach zum Lieblingsfach werden kann, wenn ein Lehrer es versteht, die Seite des Stoffbereiches aufzuschließen, die der Interessehaltung des Schülers entspricht. Außerdem hängt das Lieblingsfach zusammen mit beliebten Lehrern. Und insgesamt kann man sagen, daß Schüler sich in den Fächern, die sie als Lieblingsfächer angeben, wohl fühlen. Umgekehrt entstehen verhaßte Fächer, weil sie mit unbeliebten Lehrern in Verbindung gebracht werden, weil Schüler darin

Mißerfolge erleben, weil der Lernstoff in keinen Bezug zur kindlichen Weltzuwendung gebracht wird. Wenn wir also danach fragen, warum ein Kind interesselos ist, dann müssen wir überlegen, welche Lerngeschichte es hinter sich hat – zu Hause und in der Schule.

5.2. Neugier und Interesse im Schulunterricht

Wir versuchen nun wieder, aus dem, was wir über die Anfänge des Interesses und seine möglichen Behinderungen gehört haben, einige Folgerungen für den Schulunterricht zu ziehen.

5.2.1. Die Schülerfrage als Ausdruck der Lernbereitschaft

Wenn die Frage bei der allerersten Weltorientierung des Kindes so bedeutsam ist, dann sollten wir auch die Schülerfrage mehr beachten.

Ursprünglich fragt das Kind aus seinem Forschungsdrang heraus, aus Neugierde. Nur wenn diese Neugierde öfter zurückgewiesen wird, läßt es das Fragen sein. Jede Frage ist ein fruchtbarer Moment: Das Kind richtet seine Aufmerksamkeit ganz darauf, etwas Neues aufzufassen. Wenn wir solche Augenblicke nicht nutzen, muß diese Aufmerksamkeit an anderer Stelle mit viel Mühe erzwungen werden; dann nämlich, wenn der Stoffplan die Sache vorschreibt. Mit jeder Frage zeigt der Schüler, daß er sich eines Problems bewußt ist. Er hat eine Lücke in seiner Weltkenntnis entdeckt, die er jetzt schließen möchte. Im Fragen drückt sich eine Spannung aus, die zu einem Sich-Auseinandersetzen mit dem Problem und zu seiner Lösung führen kann.

Wir können in der Schule beobachten, daß die meisten Fragen vom Lehrer gestellt werden. Er fragt, um zu prüfen, um wiederholen zu lassen, um Aufmerksamkeit zu erzwingen; er fragt ab und er fragt aus; er fragt zum Schein, um den Unterricht voranzutreiben; er fragt nach etwas, das er längst weiß. Kurz: Im Schulunterricht fragt der am meisten, der in der Regel das größte Wissen hat: der Lehrer. Das ist auch ein Ausdruck dafür, wie wenig die Spontaneität des Schülers, seine Interessehaltung und Eigenaktivität berücksichtigt werden. Es zeigt außerdem, in welchem Ausmaß Unterricht zu einer künstlichen Veranstaltung herabgesetzt wird – eine Verkehrung der natürlichen Situation: Der wissende Lehrer fragt, der unwissende Schüler kann ihm nicht mit seinen Fragen näherrücken.

5.2.2. Das Anregen des Fragens

Manchen Schülern ist die Lust am Fragen vergangen. Sie haben zu oft gehört: »Frag doch nicht so dumm!« oder »Hör doch auf mit der ewigen Fragerei!« Daraus entwickelte sich die Haltung: Wer gescheit sein will, darf nicht durch Fragen, womöglich »dummes« Fragen, den Eindruck seiner Klugheit verwischen. Nur der Dumme fragt. – Aus dieser Fehlhaltung müssen wir die Schüler herausführen. Sie sollten etwas zurückgewinnen von jenem Urzustand, in welchem sie versuchten, sich durch ihr unentwegtes »Warum« die Welt zu erobern.

Die Kinder zum Fragen anregen, heißt vor allem, wachsam sein gegenüber den Fragen, die spontan kommen. Wenn ein Kind merkt, daß seine Frage beantwortet wird, fragt es wieder. Wir können die Schüler auch unmittelbar zum Fragen anregen, wenn sie mit einem Problem schon vertraut sind und bereits eine sachliche Grundlage besitzen.

So kann der Lehrer zum Beispiel zu Beginn eines Sachbereichs die Schüler anregen, Fragen zu formulieren, die sie dazu haben. Die schriftlich niedergelegte Fragensammlung bringt dem Unterricht zwei Vorteile: Der Lehrer lernt die Auffassungsebene kennen ,auf der seine Schüler stehen, und kann dadurch den Unterricht mehr der kindlichen Auffassungsfähigkeit anpassen. Ein zweiter Vorteil ist: Die Schüler gehen den Erkenntnisweg bereitwilliger und interessierter, wenn es sich um ihre Probleme, ihre Fragen handelt. Und der Lehrer entdeckt, daß er in seinem Unterricht oft – zu oft – auf Fragen antwortet, die gar nicht gestellt sind, daß er etwas vorsetzt, was gar nicht aufgenommen werden kann.

Unter dem Gesichtspunkt »Wer fragt, der denkt!« weisen wir auch sogenannte dumme Fragen nicht zurück; denn wir entdecken, daß auch ihnen ein Denken vorausgegangen ist. Und oft führen gerade die sogenannten dummen Fragen zu wichtigen Einsichten.

Wenn der Lehrer sich nicht dazu verleiten läßt, auf Fragen der Schüler selbst sofort zu antworten, bringt das noch einen weiteren Vorteil: Die Mitschüler können dann an der Frage einhaken, und es entsteht ein lebhaftes Gespräch. Es kommt zu einem Denkprozeß in der Klasse, den der Lehrer von sich aus oft viel weniger zwingend anregen kann; denn für ihn sind viele Sachverhalte schon selbstverständlich geworden, während für den Schüler die Probleme frisch auftauchen.

5.2.3. Das sexuelle Interesse der Schüler

Eine Forderung der Psychoanalyse, die *Sigmund Freud* vor rund sieben Jahrzehnten aufgestellt hat, findet jetzt ihre späte Verwirklichung: die sexuelle Unterweisung der Schüler. Wir haben gesehen, wie entscheidend das Fragen, Forschen, Schauen im Hinblick auf das Sexuelle ist. Wissen-wollen und Denken werden behindert, wenn der Schüler in für ihn so wichtigen Bereichen nichts wissen und nicht denken soll. Daß sich die Schule früher weigerte, mit den Schülern über Sexuelles zu sprechen, hat viele Gründe. Aber es ist jedenfalls auch ein Ausdruck dafür, in welchem Ausmaß spontane Schülerinteressen mißachtet und unterdrückt wurden.

Alte Biologiebücher vermitteln noch heute einen Eindruck davon, wie das für die Schüler Interessanteste am Menschen einfach weggelassen wurde. In Abbildungen besaß weder der Mann ein Glied, noch die Frau eine Scheide. Alle Körperteile wurden genau bezeichnet, nur die Genitalien durften nicht benannt werden. Vierzehnjährige Schüler fanden unter dem Kapitel »Fortpflanzung« kein Wort über die Fortpflanzung des Menschen, sondern trockene Aussagen über »ungeschlechtliche und geschlechtliche Vermehrung« mit einer Zeichnung darüber, wie eine Blüte befruchtet wird.

Daß dies heute anders ist oder jedenfalls sich überall eine Änderung anbahnt, ist auch im Interesse eines unbehinderten Lernens zu begrüßen. Freud schreibt dazu: »Ich glaube nicht, daß nur ein einziger Grund vorliegt, um Kindern die Aufklärung, nach der ihre Wißbegierde verlangt, zu verweigern. Freilich, wenn es die Absicht der Erzieher ist, die Fähigkeit der Kinder zum selbständigen Denken möglichst frühzeitig zugunsten der so hochgeschätzten Bravheit zu ersticken, so kann dies nicht besser als durch Irreführung auf sexuellem und durch Einschüchterung auf religiösem Gebiete versucht werden. Die stärkeren Naturen widerstehen allerdings diesen Beeinflussungen und werden zu Rebellen gegen die elterliche und später gegen jede andere Autorität. Erhalten Kinder jene Aufklärungen nicht, um die sie sich an ältere gewendet haben, so quälen sie sich im Geheimen mit dem Problem weiter und bringen Lösungsversuche zustande, in denen das geahnte Richtige auf die merkwürdigste Weise mit grotesk Unrichtigem vermengt ist, oder sie flüstern einander Mitteilungen zu, in welchen zufolge des Schuldbewußtseins der jugendlichen Forscher dem Sexualleben das Gepräge des Gräßlichen und Ekelhaften aufgedrückt wird . . . Meist haben die Kinder von diesem Zeitpunkt an die einzig richtige Stellung zu den Fragen des Geschlechts verloren, und viele unter ihnen finden sie überhaupt nicht wieder.« (*Freud* VII, S. 25)

5.2.4. Die Ausrichtung des Unterrichts nach den Schülerinteressen

Unterricht ist für viele Schüler deshalb eine so unerfreuliche Einrichtung, weil nicht einsehbar ist, welchen Sinn das Gelernte für das Leben haben soll. Der Hinweis »Das lernst du fürs Leben« verfängt nicht; denn was hier und jetzt für den Schüler sinnlos ist, hat wenig Chancen, tatsächlich »fürs Leben« zu taugen. Und es scheint ja auch, als habe die Neigung, Kinder noch länger in die Schule zu schicken und mit noch mehr praxisfernem und langweiligem Ballast zu beschweren, ihren Höhepunkt überschritten. Man überlegt, ob nicht die ganze Ausbildung mehr von praktischem Handeln durchsetzt werden müßte, das in wirklichem Bezug zum Leben steht.

Freilich ist es dem Lehrer nicht möglich, nur solche Stoffe zu behandeln, die genau die Interessenlage aller Schüler treffen. Sicher aber könnte er viel mehr versuchen, das Lernen auch dann interessant zu machen, wenn es sich um ein Stoffgebiet handelt, das gemäß den Lehrplänen durchgenommen werden muß.

So hatten sich zum Beispiel fünfzehn- bis sechzehnjährige Mädchen im Hauswirtschaftsunterricht mit Eiweißstoffen und ähnlichen Themen zum Aufbau der Nahrung zu befassen. Sie taten es ungern, weil sie keinerlei Bezug fanden zu dem, was sie sich hier einprägen sollten: die Albumine, Globuline, Klebereiweißstoffe und Protuide, sie hörten von Kasein und Vitellin. Aber sie fanden nicht, daß dies alles irgend etwas mit ihrem Leben zu tun habe. Dabei hätte es für diese zehnte

Mädchenklasse ein so anziehendes Thema gegeben, das sie sicher über viele Wochen Hauswirtschaftslehre getragen hätte, nämlich die Frage: Wie bleibe ich schlank? Unter diesem für sie so wichtigen Gesichtspunkt »Schlanksein und Gesundbleiben« hätten sich die Schülerinnen bereitwillig auch mit Eiweißstoffen und mit dem Aufbau der Nahrung befaßt. Bei dieser Fragestellung hätten sie das Gefühl gehabt: Das geht mich etwas an! Da werden Nährstoffe, Kalorien und Verdauung auf einmal interessant. Und zwar deshalb, weil die Lebensthematik dieser Sechzehnjährigen getroffen wird.

Der Götzendienst der Schulen besteht in der »Stoff-Anbetung«. »Der Stoff muß durchgenommen werden!« heißt es da – ohne Überlegung, wozu eigentlich, und ohne ehrliche Kontrolle, was mit dem durchgenommenen Stoff denn geschieht, was gewonnen sei, wenn der Schüler sich von heute auf morgen unnötiges Wissen eintrichtert, um es übermorgen für immer vergessen zu haben – vergessen zu haben, weil es mit seinem persönlichen Leben absolut nicht verknüpft werden kann, weil es unnütz ist für jedes weitere Lernen und für den jungen Menschen keinerlei aktuellen Wert hat. Da haben zum Beispiel Jugendliche den Wunsch, Ausschnitte aus einer Bundestagsdebatte im Fernsehen mitverfolgen zu dürfen, einer Debatte, die vielleicht zu den wichtigsten des Jahrzehnts zählt. Die Geschichtslehrerin lehnt mit dem Hinweis ab: Da werden wir mit dem Stoff nicht fertig. – Und was ist dieser Stoff? Es mußte durchgenommen werden, wie irgendein Kaiser Karl der soundsovielte, Sohn von Philipp dem Schönen und Johanna der Wahnsinnigen, Bruder Kaiser Ferdinands des soundsovielten, wie dieser Karl »sein Reich mehrte«.

Wen wundert es da, daß den Schülern das Interesse gründlich ausgetrieben wird? Aber die Folgerungen, die stoffbesessene Lehrer daraus ziehen, enthalten eine befremdliche Logik: Sie fragen nicht: Was kann ich tun, um die Schüler zu interessieren? Wo kann ich einen Zugang zur Sache finden, der sie zum Lernen anreizt? Und was kann ich von diesem Stoff ohne Schaden wegfallen lassen? Sondern sie fragen sich: Mit welchen Machtmitteln kann ich den uninteressanten Stoff den Schülern hineinstopfen?

Wir kennen das Mittel, das dann über das fehlende Interesse und die mangelnde Unterrichtsvorbereitung des Lehrers hinweghelfen muß: das Notenbüchlein. Der Lehrer droht mit einer Probe, mit einer Schulaufgabe, mit Abfragen und Extemporalien, mit Nicht-Versetzung. Und damit wird die Situation geradezu abartig: Die Sache, die der Schüler lernen, an der er Interesse gewinnen soll, wird für ihn zur Strafe. Ist es da verwunderlich, daß er den Bezug zur Sache selbst eher verliert als gewinnt? Der Schüler würgt dann den Stoff notgedrungen hinunter, ohne ihn wirklich zu begreifen und zu verarbeiten.

Erstaunlich ist auch, wie wenig sich manche Lehrer jener Unterrichtsmittel bedienen, die besonders leicht das Interesse erwecken. Es ist offenkundig, daß es auf den Schüler lernanreizender wirkt, wenn er die Bananenernte in Südamerika in einem Unterrichtsfilm miterlebt, als wenn sie ihm durch den Lehrer in trockenen Worten vermittelt wird. Ein bewegendes Hörspiel über die Reformation läßt den Schüler interessierter aufhorchen als das gewohnte Lehrerwort; denn im Schulfunk wird wirklich gehandelt; hier wird Geschehen in Szene dargestellt, und das zieht Schüler an, während strohtrockener Leitfadenunterricht den Wunsch erzeugt, mit dem behandelten Gegenstand möglichst nicht in Berührung zu kommen. Ähnlich wirken Schulfernsehen, Lichtbild und noch andere Unterrichtsmittel: Sie lassen den Lerngegenstand möglichst wirklichkeitsnah erscheinen und erwecken daher die Aufmerksamkeit der Schüler.

5.2.5 Lehrerinteresse und Schülerinteresse

Nicht unbedeutend für die Entwicklung des Interesses ist es, ob der Schüler Lehrer hat, denen man eine Interessehaltung anmerkt. Die Schüler interessieren sich ja für ihre Lehrer ungemein. Lehrer und Lernverhalten der Schüler stehen zueinander in einer deutlichen Wechselwirkung. Jeder hat es an sich erfahren und man kann es täglich beobachten, wie sich das Lernverhalten des Schülers mit einem Lehrerwechsel schlagartig ändern kann. Die Begegnung mit bestimmten Lehrerpersönlichkeiten entscheidet mit, welche Interessenrichtungen der Schüler entwickelt, welchen Lernbereichen er sich verschließt, welche Charaktermerkmale er ausformt. *Sigmund Freud* hat auf diese Erfahrung mit folgenden Worten hingewiesen: »Ich weiß nicht, was uns stärker in Anspruch nahm und bedeutsamer für uns wurde, die Beschäftigung mit den uns vorgetragenen Wissenschaften oder die mit den Persönlichkeiten unserer Lehrer. Jedenfalls galt den letzteren bei uns allen eine niemals aussetzende Unterströmung, und bei vielen führte der Weg zu den Wissenschaften nur über die Personen der Lehrer; manche blieben auf diesem Weg stecken, und einigen ward er auf solche Weise – warum sollten wir es nicht eingestehen? – dauernd verlegt. – Wir warben um sie oder wandten uns von ihnen ab, . . . studierten ihre Charaktere und bildeten oder verbildeten an ihnen unsere eigenen.« (*Freud* X, S. 205)

Indem die Schüler so werden wollen wie ein Erwachsener, den sie verehren, übernehmen oder entwickeln sie auch Interesse auf dem Wege der Identifikation. Das heißt, sie versetzen sich bewußt und unbewußt in die Einstellung der Bezugspersonen, an die sie gefühlsmäßig gebunden sind. Sie wollen dann – wenigstens teilweise – so denken und handeln wie die als Leitbild angenommenen Mitmenschen.

5.3. Wichtige Bedingungen des Interesses

Überlegen wir nach alledem: Was macht nun eigentlich Interesse aus? Einige Bedingungen des Interesses sind offenkundig: Damit Unterricht Interesse erweckt, muß er einen für den Schüler einsehbaren Bezug zum wirklichen Leben haben. Es nützt wenig, zu sagen: »Das lernst du für später!« Wo immer es möglich ist, sollte der Lehrer jenen Bezug in den Vordergrund stellen, der heute auch schon dem Schüler wichtig erscheint.

Das gelingt am besten, wenn der Unterricht mit der jetzigen Lebensthematik der Schüler zu verknüpfen ist. Ein Grund für die verbreitete Ablehnung der Schule durch die Jugendlichen liegt darin, daß sich die Schule nicht darum kümmert, welche Probleme und Interessen die Neun- oder Dreizehn- oder Siebzehnjährigen hier und heute haben.

Unterricht, der interessieren soll, muß die persönlichen Interessen der Schüler berücksichtigen. Das ist nicht einfach. Aber mehr persönlichen Interessenspielraum als heute könnte die Schule jedenfalls schaffen.

Unterricht wird für den Schüler anziehender, wenn dieser die Chance bekommt, tätig zu sein. Allein dadurch, daß wir den Kindern ermöglichen, selbst anzupacken, persönlich aktiv zu sein, wird für sie der Lernstoff annehmbarer.

Das Interesse steigt ferner, wenn der Schüler sieht und erlebt, daß er mit Hilfe des Gelernten bestimmte Zwecke erfüllen kann. Das heißt, das Gelernte soll womöglich schon jetzt anwendbar sein. Weshalb es hilfreicher ist, ihn mit Arbeitstechniken vertraut zu machen, als ihm immer noch mehr Stoff einzutrichtern.

Schließlich sollte interesseerweckender Unterricht dem Schüler innere Anteilnahme ermöglichen oder gar Betroffenheit in ihm auslösen. Das ist allerdings nur möglich, wenn der Lehrer selbst von der Sache bewegt wird, selbst mitten in ihr drinnen steht. Denn diese Bedingung des Interesses zählt zu den wichtigsten: Kinder werden interessiert, indem sie sich mit Erwachsenen gleichsetzen. Wenn Eltern an etwas interessiert, wenn Lehrer von einer Sache begeistert sind, dann ist es möglich, daß das Kind diese Gefühlslage übernimmt. Jedenfalls orientiert es sich besonders leicht dann an seinen Erziehern, wenn es zu ihnen ein gutes Verhältnis hat.

Wenn wir möglichst viele dieser Bedingungen erfüllen, dann kommen wir dem Streben des Schülers entgegen, seine Weltansicht zu erweitern und seinen Wissensdrang zu befriedigen.

Zusammenfassung:

Interesse ist nicht etwas, das man einfach *hat*, sondern etwas, das sich *entwickelt*. Ob ein Kind interessiert wird oder nicht, hängt mit seinen Erfahrungen in den ersten sechs Lebensjahren zusammen.

Schon im ersten Jahr kann die Welt für den Säugling »Aufforderungscharakter« haben, wenn seine Wahrnehmungen mit angenehmen Gefühlen einhergehen.

Vor allem das Fragen – als Urform des Denkens – wird für das Kind zum Mittel, sich die Welt zu erschließen. Eine Behinderung darin, zum Beispiel durch die Unterdrückung des sexuellen Forschens, hemmt das Denken. Ebenso hemmend wirkt, wenn das Kind seine Schaulust-Wünsche einschränken muß. Daß sich Neugierimpulse ungehindert entfalten können, ist wichtig für das Lernen. Deshalb müssen wir sie in der Schule mehr beachten.

Die Schülerfrage zeigt, daß der Jugendliche lernbereit ist und ein Problembewußtsein hat, das wir nicht ungenützt lassen sollten. Der Sexualkundeunterricht ist eine Konsequenz aus der Einsicht, daß das Denken behindert wird, wenn der Schüler in für ihn so wichtigen Bereichen nichts wissen und denken soll.

Unterricht orientiert sich zu sehr an wissenschaftlichen Systemen anstatt am Lerninteresse der Schüler. Wenn wir dem Schüler ermöglichen, das Gelernte hier und jetzt mit seinem Leben zu verknüpfen, ist das die sicherste Garantie dafür, daß er es auch später anwenden kann. Die »Stoff-Diktatur« vieler Lehrpläne stellt die schlimmste Lernbehinderung dar.

Schließlich spielt auch bei der Entstehung des Interesses das Modellverhalten des Lehrers eine Rolle: Ein Lehrer, der sich selbst für nichts interessiert und an dem die Schüler kein Interesse haben, wird schwerlich Interessen anregen können.

6. Schülerkonflikte als Lernbehinderung

Die unbewußte Übertragung in der Schüler-Lehrer-Beziehung

Jeder Erzieher weiß: Wenn ein Kind seelische Schwierigkeiten hat, kann es nicht gut lernen. Psychische Erkrankung behindert meist auch den Lernvorgang. Im folgenden soll nicht von jenen Konflikten die Rede sein, die sich in festumschriebenen Krankheitsbildern äußern – wie Stottern, Bettnässen, Nägelbeißen oder bestimmte Lernstörungen. Ich möchte eine psychische Erscheinung herausgreifen, die alle Schüler betrifft – nur nicht in gleich starker Ausprägung: Es handelt sich um die Übertragung unbewußter Einstellungen.

Wenn Menschen miteinander Kontakt aufnehmen, dann ist das nicht nur ein bewußter Vorgang: Man spricht mit dem andern, man nimmt ihn wahr, man geht auf seine Äußerungen ein – sondern es spielen auch unbewußte Momente eine Rolle. Diese unbewußten Vorgänge drücken sich in der Übertragung aus. Was ist mit dem psychoanalytischen Begriff der Übertragung gemeint?

6.1. Die Übertragung

Der psychoanalytische Begriff der Übertragung meint folgendes: Jeder Mensch erwirbt in der Begegnung mit seinen ersten Bezugspersonen – vor allem mit Mutter, Vater, Geschwistern – bestimmte Einstellungen. Mit diesen früh erworbenen Verhaltensweisen, Gefühlen, Haltungen, Bedürfnissen, Wünschen und Forderungen tritt er dann später unbewußt auch an neue Bezugspersonen heran. Er überträgt also Erfahrungen, die er als Kind mit Bezugspersonen gemacht hat, auf Personen seiner jetzigen Umgebung. Die gegenwärtige Situation wird gefärbt durch frühere Erfahrungen.

6.1.1. Übertragung als normal-psychologischer Vorgang

Daß Erst- und Früherfahrungen in neuen Situationen angewandt werden, ist ein normaler Vorgang. Urerfahrungen des Menschen werden zur Grundlage neuer Beziehungen. Die Übertragung resultiert aus Vorerfahrungen und fördert so die Wahrnehmung neuer Eindrücke. Übertragung als normal-psychologische Erscheinung ist beim seelisch gesunden Menschen dadurch gekennzeichnet, daß sie beweglich ist: Es besteht die Fähigkeit, die Übertragung an der Wirklichkeit zu korrigieren, während sie beim neurotischen Menschen erstarrt ist: Er verwechselt die wirkliche Situation total mit seiner Kindheitssituation.

»Wir treten unwillkürlich und oft ohne es zu merken mit Erwartungshaltungen, Einstellungen, Gefühls- und Handlungsbereitschaften an den anderen heran, die wir zum Teil in früheren Erfahrungen erworben haben und die wir auf den neuen Partner und die neue Situation ›übertragen‹ . . . Wer vorwiegend gute mitmenschliche Erfahrungen zu übertragen gewohnt ist, bietet dem Mitmenschen ein Beziehungsklima an, das Angst und Aggressionen dämpft und freundliche Gefühle fördert. Freundliche Erwartungen fördern freundliche Antworten, ängstliche, mißtrauische Erwartungen fördern feindliche, unwillige Antworten. Hier zeigt sich ein Zusammenhang zwischen Urerfahrung und Schicksal.« (*Görres* 1962, S. 183/184)

6.1.2. Übertragung als krankhafter psychischer Vorgang

Störend wird die Übertragung, wenn Verhaltensweisen und Einstellungen des Menschen in keinem bewußten Bezug zur Realität stehen. Es handelt sich dann um nicht situationsgemäße Erlebnis- und Verhaltensformeln. Die falschen Verknüpfungen der krankhaften Übertragung verzerren die menschlichen Beziehungen. Übertragung ist dann ein psychischer Vollzugszwang: In die gegebene Wirklichkeit werden Erfahrungen der lebensgeschichtlichen Vergangenheit hineingelegt; und zwar so ausgeprägt, daß die Wirklichkeit nicht mehr zutreffend wahrgenommen wird. Ein Mensch erlebt dann sein Gegenüber so, als ob dieser ein ganz anderer wäre: seine Mutter, sein Vater oder eine andere Person, an die er aus seiner Kindheit gefühlsmäßig gebunden ist. Bestimmte Situationen werden nur als Wiederholungen aus der Vergangenheit empfunden. Dadurch wird das Verhalten der so stark übertragenden Menschen unangemessen und für die Umgebung nicht verständlich. Das Merkmal der Unangemessenheit macht das Krankhafte an der Übertragung aus.

Wenn wir wissen, daß Einstellungen und Gefühle von der Person, auf die sie ursprünglich gerichtet waren, auf andere

Bezugspersonen übertragen werden können, dann werden wir diese psychische Erscheinung zweifellos auch in den persönlichen Beziehungen der Schule vorfinden.

6.2. Die Übertragung in der Schüler-Lehrer-Beziehung

Die unbewußte Übertragung des Schülers äußert sich darin, daß er die Lehrperson als Ersatz-Figur erlebt und daß er die Familiensituation in der Schule wiederholen möchte.

6.2.1. Der Lehrer als Ersatz-Figur im unbewußten Erleben des Schülers

Im Bewußtsein des Schülers ist der Lehrer eine Person, die ihn unterrichten will. Der Lehrer fordert Leistungen in den verschiedenen Fächern und verlangt bestimmte Verhaltensweisen. Der Schüler stellt sich bewußt darauf ein, die Forderungen zu erfüllen, oder auch sich ihnen zu widersetzen. Diese bewußte Schüler-Lehrer-Beziehung ist nur eine Seite des pädagogischen Bezuges. Eine andere ist das unbewußte Erleben des Schülers. Die unbewußte Einstellung des Kindes zum Lehrer wird durch seine Lebensgeschichte mitbestimmt. Was der Schüler mit früheren Bezugspersonen erlebt hat, bestimmt mit, wie er sich dem Lehrer gegenüber verhält. Hat das Kind zum Beispiel angsterregende Erfahrungen mit seinem Vater gemacht, so reagiert es auf den Lehrer ängstlich; hat es an seiner Mutter erfahren, daß ein Geschwister ihm vorgezogen wird, so geht es mit dieser gefühlsmäßigen Voreingenommenheit an die Lehrerin heran: Andere mag sie lieber. So richten die Kinder einer Schulklasse auf den Lehrer eine Unzahl von negativen und positiven Gefühlseinstellungen.

»Es ist für den Erzieher nicht einfach, die entgegengebrachte Ablehnung, mag sie sich in Ungezogenheit oder Unaufmerksamkeit äußern, nicht als persönliche Kränkung zu empfinden. Geschieht dies aber, so hat sich der Erzieher in dem Teufelskreis der gestörten wechselseitigen Regulation eingefangen. Das Kind erlebt nun den Lehrer wirklich als einen Menschen, der es nicht mag, und hat so seine Voreingenommenheit bestätigt erhalten. Im Idealfall sollte der Lehrer eine beinahe psychotherapeutische Haltung bewahren können und aus seinem Gleichmut heraus die gefühlshaften Voreinstellungen des Kindes zu lösen trachten. Diese Idealforderung ist, wenn man in der Regel zwei Dutzend oder mehr Kindern gegenübersteht, nicht zu verwirklichen.« (*Schraml* 1968, S. 147/148).

6.2.2. Die Wiederkehr des »Familienromans« in der Schule

Die Schüler wünschen sich in der Schule eine Paar-Beziehung mit dem Lehrer. Denn das ist die Gefühlsbeziehung, die sie bis zu ihrem Schuleintritt hauptsächlich erfahren haben. Im Elternhaus hatten sie Paar-Beziehungen zu jedem Elternteil und auch mit Geschwistern. Sie möchten also ihren »Familienroman« wiederholen, das heißt: alle Gefühlsbeziehungen, die sie im Elternhaus erlernt haben, in der Schule neu beleben. Zulliger bezeichnet als »Familienroman« all das, was für das Familienglied innerhalb der Familie wesentlich ist und was das gesamte Familienleben ausmacht. Die Wiederholung des Familienromans in der Schule ist die Neigung des Schülers, »aus der Schule ein Abbild oder einen Abklatsch seiner familialen Verhältnisse zu machen, etwa den Lehrer für den Vater und die Mitschüler als Geschwister zu nehmen und entsprechend zu behandeln.« Diese Absicht wirkt unbewußt. (*Zulliger* 1958, S. 226)

6.3. Beispiele für Übertragungs-Vorgänge in der Schüler-Lehrer-Beziehung

Die Übertragungsvorgänge sind so vielfältig wie die menschlichen Gefühle. Einige typische Übertragungsbeziehungen sollen hier angeführt werden.

6.3.1. Die Übertragung von Vaterhaß-Gefühlen

Wenn ein Junge aus seiner besonderen Lebensgeschichte heraus gegen den Vater starke Haßgefühle entwickeln mußte, dann galt dieser Haß zunächst dem Vater allein. In der Schule jedoch wendet sich nun dieser Haß gegen die neue Autorität, den Lehrer. »Und mancher ungeschickte oder schwächliche Lehrer muß sein Leben lang ein Martyrium durchmachen, geplagt und gehetzt von den Schikanen und Bosheiten seiner Schüler, ohne zu ahnen, daß sich an ihm der ursprünglich in den Beziehungen zum Vater entstandene Haß nur austobt.« (*Boehm* 1932, S. 135) Diese Entladung der Schüler ist um so größer, je mehr Haß sich gegen einen unterdrückenden Vater angestaut hat.

Der Schüler zeigt aber dem Lehrer gegenüber nicht nur die gleichen, sondern auch entgegengesetzten Einstellungen, die er anderen Bezugspersonen entgegenbringt.

Übertragung bedeutet also nicht nur, daß der Schüler die eingefahrenen Haltungen, zum Beispiel absoluten Gehorsam gegenüber einem tyrannischen Vater, dem Lehrer gegenüber äußert; sondern daß er die zu Hause nicht möglichen, unterdrückten Verhaltensweisen nun endlich ausleben kann. Das Kind versucht, vieles von dem, was es zu Hause passiv ertragen muß, in der Schule dem Lehrer zuzufügen. Wenn es sich zum Beispiel vom Vater unterdrückt und geplagt fühlt, wird es in der Schule über den Lehrer triumphieren wollen.

Zulliger beschreibt diesen Sachverhalt so: »Die Buben benutzen ihren Lehrer, der keine Ahnung davon hat, was eigentlich gespielt wird, oft, um die negative Seite ihres ›Vaterkomplexes‹ abzureagieren. Zu Hause gehorchen sie dem Vater aufs Wort. Er hat frühzeitig ihren ›Willen gebrochen‹ und jede Widersetzlichkeit mit Gewaltmitteln im Keime erstickt. Die Buben sind gehorsam . . Die dem Vater geltenden ablehnenden und widersetzlichen Gefühle sind jedoch nicht tot . . . gemacht, sie ruhen nur und warten auf eine Gelegenheit, um loszubrechen. Am ›Vater-Ersatz‹ – dem Lehrer, der sich in der Phantasie seiner Schüler durch sein Verhalten zum Vater-Ersatz machen läßt – toben sich nun die feindseligen Gefühle aus. . . . Er hat nun das Unrecht, das der Vater an den Söhnen beging, indem dieser ihren Willen brach, auszubaden. Ihm werden Streiche gespielt, die eigentlich dem Vater galten. Die zurückgehaltenen, die latenten Vaterhaß-Gefühle erwachen, werden wirksam, führen zu bitteren Auseinandersetzungen. Die Paar-Relation zwischen Lehrer-Schüler entspricht genau der Paar-Relation Vater-Kind. – Der richtige Vater ist erstaunt. ›Mir gehorcht der Hans aufs Wort!‹ versichert er dem klaghaft werdenden Lehrer. ›Ich weiß nicht, warum Sie ihn nicht meistern können!‹ – und am Ton, wie diese Worte gesprochen werden, kann der Lehrer merken, er werde für unfähig gehalten und könne nicht auf Unterstützung zählen.« (*Zulliger* 1958, S. 153)

6.3.2. *Die Übertragung von Geschwisterneid auf die Schulsituation*

Die Schulsituation bietet dem Kind eine günstige Situation, unbewußt seine Geschwisterkonflikte auszutragen. Ein Mädchen streitet zum Beispiel häufig mit seinem älteren Bruder. Es kommt aber nie recht gegen ihn an. So hat es als Waffe das Verpetzen entwickelt: Es rennt zur Mutter und verklagt den Bruder zu Recht oder zu Unrecht. Die Mutter geht auf die Klagen ein und bestraft den Bruder. – Das gleiche Spiel versucht die Schülerin jetzt auch mit der Lehrerin: Sie verklagt ständig andere Kinder in der Hoffnung, die Lehrerin werde genau so reagieren wie die Mutter. Geht die Lehrerin auf diese unbewußten Wünsche des Mädchens ein, dann wird dieses sein Verhalten ständig fortsetzen und mit den Mitschülern in den gleichen Konflikt geraten wie mit seinem Bruder.

Zulliger bringt ein Beispiel dafür, wie wiederum die negative Seite eines Geschwisterkonfliktes in der Schule ausgetragen wird: »Da ist ein Kind, das zu Hause zur Verträglichkeit mit seinen Geschwistern dressiert worden ist. Die Eltern rühmen, wie gut es sich mit den anderen Familienmitgliedern vertrage. In der Schule brennt der alte Geschwisterneid und -haß wieder auf. Das Kind sucht bei der Lehrerin ›das Liebste‹ zu sein, möchte bevorzugt werden. Deshalb bringt es ihr Blumen, und, wenn es kann, vielleicht auch Früchte. Es lauert ihr am Morgen auf dem Schulwege auf, um sie zu begleiten und von ihrer mütterlichen Hand geführt zu werden. Am Mittag will es ihre Schultasche nach Hause tragen. Ist im Klassenzimmer irgend etwas zu besorgen – die Wandtafel zu reinigen, die Stores herunterzulassen oder hinaufzuziehen, die Hefte auszuteilen oder einzusammeln usw., dann läuft das Kind sofort hin und bemüht sich, das erste zu sein zur Verrichtung der Arbeit. Andere, die das gleiche tun möchten, werden mit den Ellenbogen womöglich daran gehindert. – Sein Beispiel feuert die anderen an, ebenso wie es zu tun. Am Morgen, auf dem Schulweg streiten sich die Kinder darum, welches von ihnen der Lehrerin die Hand geben und ihr am nächsten sein dürfe. Sie sollte nicht nur zwei, sie sollte ein halbes Dutzend oder mehr Hände haben.« (*Zulliger* 1958, S. 152)

Die Lehrerin wird bald Zielscheibe eifersüchtig-feindseliger Reaktionen der Schülerinnen, wenn sie sich unbedacht auf die

Übertragungswünsche einläßt. Es kommt zu Reibereien in der Klasse. Das Grüppchen derer, die sich an die Lehrerin heranmachen, wird von anderen angefeindet. Die Lehrerin muß bestrafen und wird dann als parteiisch erlebt. So kann die Übertragungshaltung weniger Kinder die ganze Klasse in Unordnung bringen, wenn der Lehrer unvorsichtig darauf eingeht.

6.3.3. Die Übertragung von Verwöhnungsansprüchen

Kinder, die im Elternhaus verwöhnt worden sind, erwarten auch in der Schule, daß man sich ihnen in besonderer Weise zuwendet. Sie stellen Riesenansprüche an den Lehrer und sind enttäuscht, wenn diese nicht erfüllt werden. So kommt es zum Beispiel bei Einzelkindern vor, daß sie wie zu Hause ständig im Mittelpunkt stehen wollen und schwer vertragen können, wenn sich der Lehrer auch um alle anderen Kinder kümmert. Ein sechsjähriger Junge stand zu Hause in übertriebener Weise im Mittelpunkt. Die ganze Familie und die Kundschaft des elterlichen Geschäftes drehten sich um ihn. Die Mutter band den Jungen außergewöhnlich eng an sich: So schlief der Sechsjährige seit zwei Jahren im elterlichen Schlafzimmer zwischen den beiden Betten der Eltern. – Als dieses Kind in die Schule kam, versuchte es nun, die Lehrerin in der gleichen Weise an sich zu binden: Es wollte unmittelbar bei ihr sitzen, ständig ihre Hand halten, im Unterrichtsgespräch immer drankommen. Zu anderen Kindern konnte der Junge keine Beziehungen aufnehmen, weil er nur darin geübt war, mit Erwachsenen umzugehen. Einige Wochen ging das gut, wohl weil der Schüler durch seine Intelligenz bestechen und so ein verhältnismäßig hohes Maß an Aufmerksamkeit auf sich ziehen konnte. Aber gemessen an der häuslichen Zuwendung war die in der Schule gering. Und so wurde der Junge unwillig und verweigerte schließlich das Schulegehen. Lehrer und Eltern ließen sich in das Spiel ein und erschwerten dadurch die Situation: Die Mutter durfte tagelang im Klassenzimmer sitzen, bis auch das nichts mehr nützte und das Kind nicht mehr zur Schule ging. Der übermäßige Anspruch, die Lehrerin möge so sein wie die verwöhnende Mutter, konnte dem Jungen auf die Dauer nicht erfüllt werden. Deshalb versuchte er, sich auf die krankhaft enge Beziehung zur Mutter zurückzuziehen.

6.3.4. Die Übertragung von Angst und Mißtrauen

Daß Kinder, die vor Mutter oder Vater Angst haben, diese Angst auch vor der Lehrperson entwickeln, ist einsehbar. Der Lehrer wird dann leicht ärgerlich: »Vor mir brauchst du keine Angst zu haben! Hab ich dir denn schon etwas getan?« – Oder: »Du tust ja gerade so, als ob ich ein ständig strafender Tyrann wäre«. – Dieses Beleidigtsein des Lehrers – der Schüler hätte doch keinen Grund, sich so ängstlich zu zeigen – stellt dann natürlich erst recht die alte Situation wieder her: Nun wird er tatsächlich zu einer Person, vor der man sich fürchten muß.

Dem Jungen, der von seinem Vater nie anerkannt wurde, muß zum Beispiel die Prüfungssituation als gefährlich oder hoffnungslos erscheinen. Der Prüfungsvorgang belebt jene Situationen neu, in denen sich das Kind vom Vater nicht bestätigt fand und durch die es fortwährend entmutigt wurde. Solche Prüflinge wagen in der Prüfungssituation die Leistung entweder überhaupt nicht, oder sie werden stark verunsichert.

Besonders der überstrenge Vater löst in der Übertragungssituation der Prüfung Angst aus. Knaben, die häufig verprügelt wurden, fühlen sich in der Prüfungssituation ausgeliefert. Hier kann man dem gefürchteten Vater nicht entrinnen. Es entsteht heftige Angst; der Prüfling wird versuchen, zu fliehen. Nur so glaubt er mit der Situation fertig zu werden. – Bei einem wohlwollenden Prüfer erscheint diese Reaktion unverständlich. Die wirkliche Gefahr scheint hier so gering zu sein, daß die Angst unangemessen wirkt. Aber diese Angst ist keine aktuelle, sondern eine »alte« Angst, die aus dem Unbewußten stammt.

6.4. Die Handhabung der Schüler-Lehrer-Übertragung durch den Lehrer

Die Übertragung ist eine psychische Erscheinung, die in jeder menschlichen Beziehung eine Rolle spielt. Der Lehrer müßte deshalb überlegen, wie er mit der Übertragung seiner Schüler umzugehen hat. Ich möchte einige Gesichtspunkte hierzu herausstellen.

6.4.1. Der Lehrer darf nicht nur Wissensvermittler sein

Die Wurzel vieler Mißstände in den Schulen ist darin zu sehen, daß Lehrer sich nur als Wissensvermittler verstehen. Selbst dort, wo Wissensvermittlung ohne ein entsprechendes Schulleben nichts bewirken kann, gibt man ihr den Vorzug: Anstatt Unterricht und schulische Erziehung so zu gestalten, daß sie sozialerzieherisch wirksam werden, führt man zum Beispiel isoliert ein Fach Soziallehre ein – und kümmert sich nicht um die Gruppenprozesse in der Schulklasse. Man wird endlich einsehen müssen, »daß ein Lehrer sowohl etwas von einem Psychologen wie von einem Sozialarbeiter, Familienberater und mitunter vielleicht sogar Sozialtherapeuten braucht, wenn er überhaupt etwas bei seinen Schülern erreichen will. . . . Dennoch scheint die utopische Vorstellung fortzubestehen, ein Kind könne einen von Emotionen freien Sachbezug zum Lernen entwickeln . . .« (*Brocher* 1967, S. 429).

Schüler, deren Verhalten durch eine neurotische Übertragung verzerrt wird, bedürfen nicht nur eines Lehrers, sondern eines tiefenpsychologisch informierten Erziehers. Man kann sagen: Erziehen oder gar Heilen sei nicht Aufgabe der Schule. Aber man entkommt damit nicht der Tatsache, daß Lehren und Lernen nur dort wirksam vollzogen werden können, wo ein dem Kind und dem Jugendlichen angemessenes emotionales Klima herrscht. – Die besondere Chance des Lehrers, die Schüler zu beeinflussen, besteht darin, daß die krankhaften Übertragungshaltungen noch leichter korrigiert werden können als in späterem Alter.

6.4.2. Durch die Kenntnis des Übertragungs-Phänomens die Gefahr affektiver Lehrer-Reaktion vermindern

Lehrer, die um das Phänomen der Übertragung wissen, werden nicht jede Schwierigkeit, die ihnen der Schüler macht, kurzerhand als gegen sie gerichtete Bosheit werten. Die Vermutung etwa, daß der Schüler jetzt handelt, »als ob« der Lehrer sein Vater wäre, vermag den persönlichen Affekt des Lehrers zu mildern oder zu beseitigen. Das bedeutet nicht, der Lehrer solle deshalb nicht handeln. Das Informiertsein über die unbewußte Übertragung erleichtert es dem Lehrer, eine freundlich-wohlwollende Objektivität zu wahren, die dem Schüler mehr nützt, als wenn er beleidigt, also eigentlich blind reagiert.

Wenn sich also eine Lehrerin dem auf sie übertragenen übermäßigen Verwöhnungsanspruch eines Kindes gegenübersieht, dann wird sie versuchen, zwei Gefahren zu vermeiden: Sie wird sich nicht dazu herausfordern lassen, ärgerlich zu reagieren: »Diesem verzogenen Söhnchen muß es mal ohne viel Federlesen gezeigt werden«! – Sie läßt sich aber ebensowenig verleiten, nun die Rolle der verwöhnenden und verzärtelnden Mutter zu übernehmen. Ausgehend von der Kenntnis des Übertragungsphänomens strebt sie an, den Schüler neue Erfahrungen machen zu lassen, indem sie mit wohlwollender Festigkeit deutliche Grenzen setzt, ohne den Schüler persönlich herabzusetzen. Sie schafft einen Raum, in dem dieser an natürlichen Widerständen mehr Selbständigkeit erfahren kann. Es geht dann nicht darum, ihn zu ducken, sondern ihm Möglichkeiten neuer Aktivität anzubieten.

6.4.3. Eine verstehende Haltung gegenüber dem Schüler einnehmen

Der Lehrer wird versuchen, zu dem Kind, das ihm mit einer Fehlhaltung entgegentritt, eine positive Beziehung herzustellen. Er wird sich für den Konflikt, unter dem das Kind leidet, interessieren – und nicht vordergründig alles tun, um ihn zu bekämpfen. So können wir einem Schüler zeigen, daß wir sehr gut wissen, wie wenig man bestimmte Fehlhaltungen durch Willenskraft überwinden kann. Wenn wir versuchen, uns zum Beispiel in die Angst und Machtlosigkeit eines Schülers einzufühlen, reagiert er oft positiv darauf. – Auch den Eltern kann der tiefenpsychologisch informierte Lehrer aufzeigen, daß störende Verhaltensweisen nicht durch einfache erzieherische Maßnahmen zu beeinflussen sind, sondern daß viel wichtiger eine verstehende Haltung ist; sie kann den Konflikt jedenfalls lockern.

Eine verstehende Haltung einnehmen bedeutet nicht, den durch einen Übertragungskonflikt schwierigen Schüler zu bevorzugen. Dies ist ein Punkt, den gerade der einfühlsame, verstehende Erzieher beachten muß. Auf der einen Seite besteht die Gefahr, daß eine zu starke Hinwendung dem Schüler einen »Krankheitsgewinn« bringt, der ihm das Aufgeben seines Fehlverhaltens erschwert. – Auf der anderen Seite können für den Schüler unerfüllbare Forderungen des Lehrers ebenfalls den Konflikt vertiefen.

Eine verstehende Haltung des Lehrers, die der gestörte Schüler als verwöhnend erlebt, hat zudem für die ganze Klasse eine gefährliche Nebenwirkung: Wenn die Schüler sehen, wie sehr sich der Lehrer einem einzelnen schwierigen Kind zuwendet, wird der Lehrer bald nicht nur einen, sondern eine ganze Anzahl schwieriger Schüler bekommen. Denn die psychisch labilen Kinder wünschen – teils bewußt, teils unbewußt – ebenfalls eine intimere Zuwendung durch den Lehrer und müssen daher schwierig werden.

Der Lehrer wird sich bemühen, eine Atmosphäre herzustellen, in der das Kind oder der Jugendliche den Mut aufbringt, Konflikte mit ihm zu besprechen. In wohlwollender Distanz soll der Lehrer versuchen, sich dem Schüler wenigstens ein Stück weit als Nicht-Erzieher, nämlich als Verstehender anzubieten. Damit kann er im Schüler einen Prozeß anregen, sich selbst besser zu verstehen und seine Haltung zu verändern. – Die beschriebene Haltung kann der Lehrer jedoch nur dann einnehmen, wenn er keine zu große Angst vor negativen Übertragungserscheinungen – etwa Aggressionen des Schülers – hat.

6.4.4. Nicht zum Ersatz-Vater oder zur Ersatz-Mutter machen lassen

Gerade Lehrer, die sich um ihre Schüler persönlich bemühen, kommen in die Gefahr, sich zum Ersatz-Vater oder zur Ersatz-Mutter machen zu lassen. Etwa wenn ein Kind seine Zärtlichkeitswünsche an die Lehrerin heranträgt, »als ob« sie seine Mutter wäre. Es will zum Beispiel von der Lehrerin immer an der Hand geführt werden. Wenn die Lehrerin verständnisvoll meint, dem Kind diesen Wunsch ohne weiteres erfüllen zu können, bringt dies dem Kind, der Lehrerin und der Klasse Schwierigkeiten ein. Für das Kind wird es schwierig, weil es im Grunde ja doch von der Lehrerin enttäuscht werden muß – wie es von der Mutter enttäuscht wurde. Die Lehrerin gerät in Schwierigkeiten, weil sie bald merkt, daß sie dem Kind kein Mutter-Ersatz sein kann. Und in der Klasse werden durch die Bevorzugung des an der Hand geführten Kindes Rivalitäts- und Eifersuchtsgefühle und damit Spannungen hervorgerufen. Diese Spannungen in der Klasse wirken negativ zurück auf das Kind und die Lehrerin.

So wichtig es ist, daß sich der Lehrer einzelnen Kindern zuwendet: Er darf dabei die Klasse als Gruppe nicht aus dem Auge verlieren. Wenn er zu sehr dazu neigt, mit seinen Schülern Paar-Beziehungen einzugehen, wird aus seiner Klasse keine partnerbezogene Lerngruppe. Der Lehrer sollte nicht einzelne Kinder »lieben«, sondern sich vor allem darum bemühen, aus seiner Klasse eine Lerngemeinschaft zu bilden, in die er sich einbezieht. – Oft bauen sich die Beziehungen des Lehrers »überwiegend auf dem unbewußten Wunsch nach individueller Kontaktnahme auf. Die weitaus dynamischeren Beziehungsmöglichkeiten der Gruppe für den sozialen Lernprozeß werden dabei versäumt, weil der Erzieher selbst sich oft von der eigenen Ausbildung her noch in der Rolle eines überragenden Solitärs, des verhinderten Wissenschaftlers sieht.« (*Brocher* 1967, S. 434)

6.4.5. Den Schüler korrigierende Erfahrungen machen lassen

Der Schüler erlebt den Lehrer vom Unbewußten her als Übertragungsperson. Je mehr ein Kind psychisch gestört ist, um so mehr überwiegen die unbewußten Übertragungshaltungen. Gleichzeitig erfährt der Schüler im Lehrer aber auch eine Person, die ihm ein neues Bild von der Realität verschafft. Und darin liegt eine Chance: Die Schule kann gerade für Kinder mit Schwierigkeiten zum korrigierenden Erlebnis werden – vorausgesetzt, daß es sich um einen verständnisvollen Lehrer handelt. Der Lehrer kann also den Schüler neue Erfahrungen machen lassen, die es diesem erleichtern, sich seiner Umwelt gegenüber realitätsgerechter zu verhalten.

In »Lehrerbildung und Lehrerbild« (1971, S. 5) heißt es zum pädagogischen Verhalten des Lehrers: Es sind »früher erworbene Fehlhaltungen der Kinder nach Möglichkeit zu korrigieren. Das kann nur in engagierter Zuwendung und im menschlichen Vorbild durch den Lehrer geschehen . . . Der Lehrer muß eine Person sein, der sich der Schüler anvertrauen kann, nicht nur weil er vertrauenswürdig im Sinn von Überlegenheit und Zuverlässigkeit ist, sondern weil er ihm emotional aufgeschlossen begegnet. Oft hat der Lehrer die Chance, einem Kind die Geborgenheit zu bieten, die es zu Hause nicht oder nur in Zerrformen erlebt. Umgekehrt kann er bei falschem Verhalten Geborgenheit zerstören, Furcht und Verkrampfung erzeugen. Gefordert sind daher: Freundliche Begegnung statt autoritärer Distanz, persönliches Verständnis statt unpersönlichem Anspruch,

Ermutigung statt deprimierender Zurückweisung. Kritik, notfalls auch Tadel, müssen als Versuch zur Hilfe erkennbar sein.«

Jedes Kind, das dem Lehrer durch eine krankhafte Übertragung Schwierigkeiten bereitet, ist durch Erfahrungen zu seinen störenden Haltungen gelangt. Durch guten Zuspruch, durch Belehrung, Ermahnung oder Tadel werden Erfahrungen – oft bittere Erfahrungen – nicht einfach ausgelöscht. Niemand läßt sich Erfahrungen durch freundliches Zureden nehmen. Deshalb ist das wichtigste die »korrigierende emotionale Erfahrung« (*Alexander*). Diese kann der Schüler machen, wenn ihm der Lehrer wohlwollend zugewandt ist und ihm durch Festigkeit einen sicheren Bezugsrahmen gibt. Der Schüler wird dann aus seinen eingefahrenen Verhaltensschemata herausgerissen und lernt auf die neuen Erfahrungen neue Antworten zu geben.

6.4.6. Mit den Schüler-Eltern ins Gespräch kommen

In vielen Fällen ist es für den Lehrer hilfreich, wenn er versucht, die Eltern zur Zusammenarbeit zu gewinnen. Und zwar sind es drei Gesichtspunkte, die Gespräche mit Eltern lohnend erscheinen lassen:

1. Der Lehrer erfährt etwas über die häusliche Situation. Er lernt die Lebensumstände kennen, in denen das Kind aufwächst; er hört von besonderen Schwierigkeiten. All das unterstützt ihn in seiner verstehenden Haltung. Manchmal wissen Lehrer nicht einmal über gravierendste Vorkommnisse im Leben eines Kindes Bescheid. Mehr vom Schüler wissen, erleichtert uns oft, ihm gerechter zu werden und damit die Schwierigkeiten, die er uns macht, nicht zu verhärten.

2. Der Lehrer erlebt die Eltern oder einen Elternteil und kann sich dadurch besser vorstellen, wie es dem Kind ergeht. Er spürt etwa selber Zorn aufsteigen, wenn er einen engstirnigen, zu keinerlei Einsicht bereiten Vater vor sich sitzen hat, und kann sich so in die hilflose Situation und in die blinde Auflehnung des Schülers besser einfühlen. Oder er erlebt im Gespräch mit einem Elternteil, wie ihm ständig das Wort abgeschnitten wird – eine Verhaltensweise, die das Kind zu Hause in der gleichen Weise erfahren wird.

3. Der Lehrer kann den Eltern beratend beistehen; denn oft leiden sie selbst unter den Schwierigkeiten des Kindes und sind für Vorschläge aufgeschlossen. Allerdings darf der Lehrer hier

nicht »beraten«, indem er den Eltern einen Katalog von Verhaltensweisen vorschreibt. Viel günstiger ist es, wenn die Eltern im Gespräch selbst auf etwas stoßen oder wenn wir vorsichtig vorschlagen: Vielleicht könnten wir einmal versuchen, mehr die positiven Seiten Ihres Jungen anzusprechen. . . . In der Schule habe ich den Eindruck, daß es dem Jungen gut tut, wenn er einmal eine selbständige, mit Verantwortung verbundene Aufgabe übernehmen darf . . .

Freilich sind unsere Einflußmöglichkeiten hier begrenzt. Und manchmal müssen wir auf die Mitarbeit der Eltern verzichten oder müssen gar mit einer störenden Gegeneinstellung rechnen.

Im Elterngespräch muß der Lehrer, der dem Kind helfen will, vor allem diese eine Gefahr sehen: Er neigt dazu, sich zu sehr mit dem Kind zu identifizieren und als Anwalt des Schülers in eine Gegnerschaft zu den Eltern zu geraten. Die Eltern fühlen sich dann belehrt oder gar zurechtgewiesen und sind entweder an solchen Gesprächen nicht mehr interessiert oder sie reagieren den Ärger darüber, daß der Lehrer ihr Erziehungsverhalten als falsch bezeichnet hat, zu Hause am Kind wieder ab. Hier können sich eigene Konflikte des Lehrers einschleichen: Er gerät bewußt oder unbewußt in eine Rivalität zu den Eltern, indem er sich als »besserer Vater« oder »bessere Mutter« präsentiert.

6.4.7. Natürliche Reaktionen der Schüler nicht mit Übertragung verwechseln

Ein psychologisierender Lehrer könnte in die Gefahr geraten, alle Reaktionen seiner Schüler als Übertragungsgeschehen zu sehen. Das würde bedeuten, daß er zum Beispiel Schülerkritik, die an ihm geübt wird, nicht daraufhin prüft, inwieweit sie tatsächlich zutrifft, sondern sie als »Vater-Übertragung« abtut. Er geht dann nicht echt ein auf den Schüler, sondern tut so, »als ob« der Schüler ihn gar nicht meine. Wenn der Schüler auf diese psychologisierende Weise nicht ernst genommen wird, gerät er ebenso in eine ausweglose Situation, wie wenn seine Aggression oder seine Kritik mit Gewalt unterdrückt wird. Es gilt also, beide Seiten zu sehen: Der Schüler »meint« mit seinen Verhaltensweisen oft gar nicht den Lehrer, sondern eine frühere Bezugsperson; aber vielfach ist der Lehrer doch auch mit »gemeint«. Und wenn ein Schüler zum Beispiel aufsässig ist, dann kann es sich dabei um eine ganz natürliche Reaktion auf ein Verhalten des Lehrers, nicht aber um »Übertragung« handeln.

Auch das Problem der Übertragung unbewußter Konflikte des Schülers auf den Lehrer zeigt uns wieder: Der Lehrer hat es selbst leichter und er kann es dem Schüler leichter machen, wenn er Einblick in die Wirkungsweise unbewußter Vorgänge hat. Die Schüler besser zu verstehen – und damit besser mit ihnen arbeiten zu können –, ist für den Lehrer nicht nur Sache des guten Willens, es ist zu einem Gutteil eine Angelegenheit des Wissens – auch des tiefenpsychologischen Wissens.

Zusammenfassung:

Die Beziehung zwischen Schüler und Lehrer kann durch die Übertragung unbewußter Konflikte gestört werden. In der Übertragung zeigen sich Verhaltensweisen, die der Mensch früh erworben hat und die er in der gegenwärtigen Lebenssituation anwendet: so »als ob« seine jetzigen Bezugspersonen die von früher wären; das verzerrt die Beziehung.

Der Schüler erlebt den Lehrer als Ersatz-Figur für Vater oder Mutter und möchte die Familiensituation in der Schule wiederholen. Er richtet also Gefühlseinstellungen auf den Lehrer, die eigentlich gar nicht diesem gelten. Zum Beispiel haßt er den Lehrer, obwohl unbewußt der Vater gemeint ist, gegen den er diesen Haß entwickelt hat. Oder er gerät ständig in Streit mit anderen Schülern, weil er sie unbewußt mit seinen Geschwistern »verwechselt«, auf die er eifersüchtig ist. Oder er möchte von der Lehrerin verwöhnt werden, weil er von der Mutter ein Übermaß an Fürsorglichkeit gewohnt ist.

Der Lehrer sollte dieses Phänomen der Übertragung kennen; er wird dann in manchen Situationen weniger leicht verärgert reagieren. Vor allem darf er sich nicht dazu verleiten lassen. die Rolle von Ersatz-Vater oder Ersatz-Mutter zu übernehmen. Er müßte versuchen, den störende Übertragungshaltungen zeigenden Schüler neue korrigierende Erfahrungen machen zu lassen: vor allem, indem er sich ihm wohlwollend zuwendet und ihm durch Festigkeit einen sicheren Bezugsrahmen gibt. Wenn eine Zusammenarbeit mit den Schülereltern möglich ist, wird das für alle Beteiligten von Nutzen sein.

Schließlich muß der Lehrer daran denken, natürliche Schülerreaktionen – also wenn wirklich er selber gemeint ist – nicht mit Übertragung zu verwechseln.

7. Lehrerkonflikte als Lernhindernis

Die Störung des pädagogischen Bezugs durch unbewußte Übertragungs-Haltungen des Lehrers

Von schwierigen Schülern ist viel die Rede: in Lehrerkonferenzen, bei Lehrer-Eltern-Gesprächen, in Zeitschriften und bei pädagogischen Veranstaltungen. Schwierige Schüler machen es den Erziehern schwer; deshalb wird überlegt, was man mit ihnen anstellen – oder wie man sich ihrer entledigen könne.

Vom schwierigen Lehrer hört man viel weniger. Zwar wissen alle von ihnen: die Schüler besonders, aber auch die Eltern – und die Kollegen. Während man jedoch beim schwierigen Schüler darüber nachdenkt, wie man ihm helfen – oder wie man den überforderten Lehrer von ihm befreien könne, stellt man sich dem schwierigen Lehrer gegenüber ein, als sei er ein unabwendbares Schicksal. Um ein Schicksal handelt es sich allerdings sehr oft: für die Schüler, die bei einem solchen Lehrer in die Schule gehen müssen, und für den Lehrer selbst. Aber daß dies als unabwendbar angesehen wird, ist ein ernstes Problem des seelischen Gesundheitsschutzes in der Schule.

Ein psychohygienisches Problem der Lehrerpersönlichkeit möchte ich am Beispiel der Übertragung unbewußter Konflikte aufzeigen.

7.1. Die Übertragung

In der Psychoanalyse bezeichnen wir mit »Übertragung« einen unbewußten Vorgang, der das Verhalten des Menschen entscheidend mitbestimmt. Unsere Beziehungen zu anderen Menschen enthalten unbewußte Elemente: Haltungen, Bedürfnisse, Gefühle, Wünsche und Forderungen, die wir in der Kindheit entwickelt haben, übertragen wir ohne unser Wissen auf Personen der gegenwärtigen Lebenssituation. In der Übertragung wiederholen wir also unbewußt Gefühle und Erlebnisse aus der Kindheit. So übertragen wir Wünsche und Ängste, die wir gegenüber unseren Eltern hatten, auf Personen der jetzigen Umgebung.

Die Übertragung als normal-psychologische Erscheinung beim

seelisch gesunden Menschen ist dadurch gekennzeichnet, daß sie elastisch ist: Es besteht die Fähigkeit, die Übertragung zu korrigieren, während sie beim neurotischen Menschen erstarrt ist. Bei ihm stehen die Verhaltensweisen und Einstellungen nicht mehr in bewußtem Bezug zur Wirklichkeit. Er handelt ständig so, als ob zum Beispiel der Vorgesetzte sein gefürchteter Vater wäre, als ob ein Kollege sein mit ihm rivalisierender Bruder wäre. Er handelt also in vielen Bereichen so, als ob er noch ein Kind wäre und nicht die Handlungsmöglichkeiten eines Erwachsenen hätte.

7.2. Übertragung unbewußter Lehrerkonflikte auf Schüler

Die Übertragung unbewußter Konflikte verzerrt den Kontakt der Menschen untereinander. Sie fälscht die wirkliche Beziehung in eine »Als-ob-Beziehung« ab. Wo Menschen eng zusammenarbeiten müssen, gefährdet die Übertragung den persönlichen Bezug und die Arbeitsleistung. Die Schule müßte daher dem Übertragungsphänomen gegenüber besonders aufmerksam sein. Machen wir uns das an einigen Beispielen klar.

7.2.1. Ein Lehrer identifiziert sich mit seinem überstrengen Vater

Das erste Beispiel handelt von einem Lehrer, der sich mit seinem überstrengen Vater identifiziert. Dieser junge Lehrer fiel bei Schülern und Kollegen durch seine gespannte Aggressivität und seine besondere Strenge auf. Er forderte absoluten Gehorsam bei den Kindern und setzte sich über das amtliche Verbot der körperlichen Strafe fortlaufend hinweg. Für geringfügige Vergehen – etwa Schwätzen – gab es seitenlange Strafaufgaben; Widerreden der Schüler wurden mit Ohrfeigen geahndet, und es verging keine Woche, in der nicht einige Schüler dieser Klasse mit Verweisen und mit Arrest bestraft wurden. Bei diesem Lehrer mußten die Schüler noch die ›Arme verschränken‹ – das wichtigste Zugreif-Organ sollte also gefesselt werden –, und auf ›Sich-nicht-ruhig-Halten‹ von Schülern reagierte er mit Anbrüllen. Man hatte den Eindruck, daß der Lehrer ständig feindselig darauf lauerte, ob ein Schüler sich seinen tyrannischen Forderungen widersetzte, um dann aggressiv über ihn herfallen zu können.

Wir verstehen das Verhalten dieses Lehrers – ohne es damit zu entschuldigen –, wenn wir wissen, daß er selbst während seiner Kindheit unter einem solchen Vater gelitten hat. Dieser Vater – übrigens auch Lehrer – hielt absolute Unterdrückung für das wichtigste Erziehungsmittel. Jede versuchte Eigenständigkeit, jede freiheitliche Regung des Jungen wurde erstickt. – Der Sohn entwickelte nun den Wunsch, so zu werden wie sein gehaßter Vater: Dann endlich würde er der Aggression entgehen und selbst mächtig sein können. Während seiner Ausbildung malte er sich aus, wie streng er zu den Schülern sein und wie er keinerlei Widerspruch dulden werde. Aber natürlich proklamierte er seine Unduldsamkeit und seine diktatorische Haltung unter dem Deckmantel pädagogischer Notwendigkeit. Dieser junge Lehrer ist sich nicht bewußt, daß es bei seinen sogenannten pädagogischen Maßnahmen und nichts anderes geht als um die unbewußte Rache, die er jetzt – und wahrscheinlich ein ganzes Lehrerleben lang – an seinen Schülern ausübt: die Rache für das, was ihm selbst in seiner Jugend widerfahren ist.

»Kinder sehnen sich oft danach, erwachsen zu sein, um Aggressionen legitim praktizieren zu können und nicht immer nur erleiden zu müssen. Inzwischen identifizieren sie sich mit den Erwachsenen, ahmen sie nach und wollen es ihnen gleichtun.... Je weniger man sie mit Aggressionsäußerungen experimentieren läßt, vor allem je weniger man ihnen die Berechtigung einräumt, ihrerseits zuweilen Reizbarkeit und Auflehnung, Haß und Zerstörungsfreude zu äußern, desto gründlicher werden sie die Erwachsenentechniken der Aggressionsausübung bei gleichzeitiger Aggressionsverleugnung erwerben.« (*Hacker* 1971, S. 206).

Ein Lehrer wie der eben beschriebene trägt seinen Autoritätskonflikt besonders auch in der Prüfungssituation aus. Er betrachtet den Prüfling von oben herab und erwartet den gehorsamen Sohn, der genau das bringt, was er sich vorstellt. Wenn sich der Schüler sehr selbständig zeigt, wird das als der Versuch gewertet, sich über den Prüfer zu erheben. Der Prüfer reagiert dann beleidigt oder aggressiv und verweist den ›Sohn‹ – als den er den Schüler unbewußt erlebt – in seine Schranken. Beim Lehrer wird hier eine Gefahr angesprochen, die etwa so ausgedrückt werden kann: Du wirst mir gefährlich, du willst so groß – vielleicht gar größer werden als ich; das darf nicht sein!

Die unbewußte Formel solcher in ihrer Kindheit vom Vater unterjochten Lehrer lautet dann: Wie er mir, so ich dir! – Und sie verteidigen ihr rigoroses Verhalten mit dem Hinweis: »Uns hat es auch nicht geschadet!« Solche Lehrer sprechen immer davon, wie sie geschunden worden seien und wie leicht es dagegen die jetzigen Schüler hätten.

Für Lehrer, die an einem ungelösten Autoritätskonflikt durch eine mißglückte Vater-Sohn-Beziehung leiden, ist die Schule ein geeignetes Feld, diesen Konflikt auszutragen. Denn in den Schülern hat der Lehrer von vornherein Unterlegene. Jetzt ist er endlich überlegen – nach Jahrzehnten des Unterdrückt-seins. Da die Kinder schwächer sind als er, braucht er sich die Überlegenheit nicht erst durch Leistung zu erringen, sondern sie ist allein durch Altersunterschied und Position vorhanden. Ein Mensch, der aus solch unbewußten Konflikten heraus Lehrer wird, muß es den Schülern und sich selbst schwermachen.

7.2.2. *Ein Lehrer reagiert seine Rivalitätsproblematik an der Schulklasse ab*

Beim nächsten Beispiel handelt es sich um einen Lehrer, der seinen Rivalitätskonflikt an der Schulklasse abreagierte. Wir verstehen das besser, wenn wir das Rollenmodell des Psychoanalytikers *Horst Eberhard Richter* zu Hilfe nehmen. *Richter* fand durch eine sich über Jahre erstreckende Untersuchung heraus, daß Eltern ihren Kindern bewußt und unbewußt bestimmte Rollen zuweisen. Sie erwarten etwas ganz Bestimmtes von ihrem Kind, um unbewußt eigene unerfüllte Wünsche zu verwirklichen. So kann das Kind in die Rolle eines anderen Partners gedrängt werden: in die Rolle des Ehepartners zum Beispiel oder eines Geschwisters. In dieser Rolle soll es dann die Enttäuschungen aufheben, die von der gescheiterten Partnerbeziehung hinterlassen wurden.

In ähnlicher Weise kann dem Kind auferlegt werden, ein Ideal zu erfüllen, das eine Elternfigur angestrebt, aber nicht erreicht hat: Das Kind soll zum Beispiel die Position bekommen, die dem Vater erstrebenswert schien.

So gibt es eine ganze Anzahl von Rollen, in die Eltern ein Kind zwängen können, in dem unbewußten Wunsch, einen eigenen Konflikt zu lösen. Wir können uns vorstellen, welche Einengung das für die Entwicklung eines Kindes bedeutet.

»Es ist besonders häufig, daß Eltern auf ihr Kind eine affektive Einstellung übertragen, die sich ursprünglich auf eine Geschwisterfigur bezieht. Schon vor der Geburt eines Kindes verraten Eltern nicht selten, daß in ihren unbewußten Phantasien der potentielle Neuankömmling die Stelle einer Geschwisterfigur vertritt. Z. B. sind affektives Widerstreben, insbesondere Ängste, im Zusammenhang mit der Geburt eines Kindes oft psychologisch aus der Wurzel zu erklären, daß die betreffende Elternfigur unbewußt überzeugt ist, sie werde durch das Kind die gleichen Enttäuschungen erleiden, wie es in der eigenen Kindheit durch einen Bruder oder eine Schwester der Fall war. Auf der Basis der Eifersuchts-Übertragung können sich diese Befürchtungen bis zu panischen Erregungszuständen steigern . . .

Wenn das Kind unbewußt überwiegend in der Rolle eines Geschwisters gesehen wird, so sind das Leitmotiv unerledigte Rivalitätsprobleme.« (*Richter* 1967, S. 181, 182)

Eine Mutter oder ein Vater erlebt also mit dem Kind unbewußt eine Neuauflage des Geschwisterkonfliktes.

Aus dem gleichen Leitmotiv unerledigter Rivalitätsgefühle heraus konnte die Neigung eines Lehrers, Schüler besonders schlecht zu beurteilen, verstanden werden. Dieser Lehrer war in seiner Kindheit ständig davon bedroht, daß ihn sein jüngerer Bruder überrunden könnte. Seine Eltern spielten die Tatsache, daß der Kleinere ihn einholen werde, gegen ihn aus. So begann der Ältere seinen kleinen Bruder immer mehr zu hassen und tat alles mögliche, um ihn nicht aufkommen zu lassen, was jedoch nicht gelang.

In der Schule nun wies dieser Lehrer seiner Klasse und einzelnen Schülern unbewußt die Rolle des jüngeren Bruders zu: Er tat alles, um die Klasse nicht hochkommen zu lassen, und setzte deshalb bei den Leistungsprüfungen einen entsprechenden hohen Maßstab an. So führte er den Kampf gegen seinen Bruder jetzt mit der Klasse fort.

7.2.3. Ein Lehrer kompensiert sein Minderwertsgefühl in der Schulklasse

Dieser Lehrer litt in seiner Jugend unter einem ewig unzufriedenen, nörgelnden Vater. Was immer er versuchte: nichts konnte er seinem Vater recht machen. Er wurde verspottet, ausgelacht, herabgesetzt. Das führte dazu, daß er an seinem Selbstwert mehr und mehr zweifeln mußte und zuletzt fest davon überzeugt war, nichts wert zu sein. Er fühlte nicht nur seinem alles besser könnenden tüchtigen Vater gegenüber eine Unterlegenheit, sondern allen Menschen gegenüber.

In der Schulklasse jedoch konnte er als Lehrer endlich selbst das Glück der Überlegenheit genießen. In unbewußter Identifikation mit dem von ihm abgelehnten Vater übernahm er nun die Rolle dessen, der alles besser weiß und der anderen ständig ihre Unfähigkeit aufzeigen konnte. Er mußte seinen Schülern ständig beweisen, daß er mehr konnte als sie, und neigte dazu, wo immer das möglich war, die Schüler herabzusetzen und als Nichtskönner bloßzustellen.

Auf die Gefahr dieser Problematik der Lehrerpersönlichkeit weist *Neuhäusler* (1969) hin: »Es gibt zum Beispiel einen pädagogischen Scheineros, einen sich pädagogisch gebarenden Macht- und Geltungstrieb, der den Lehrer verführt, sich das ›Glück der Überlegenheit‹ einzuholen. Es erhöht das Gefühl der eigenen Macht – und deckt das der eigenen Ohnmacht zu, mit sich und der Welt zurechtzukommen –, wenn man Kinder und Jugendliche vor sich, ja ›unter sich‹ sitzen hat, die auf das Wissen und Dafürhalten des von Berufs und Amts wegen Überlegenen angewiesen sind. Das kann in autoritär getarnte Willkür ausarten – es kann auch zur arroganten Distanzierung des Lehrers von der Klasse oder zu krokodilstränigen Klagen über ihr Versagen führen, bei dem die Frage nach dem eventuellen eigenen Versagen gar nicht in Frage kommt.

Wenn ein Sprachen- oder Mathematiklehrer, geübt und geölt in seinem Wörter- oder Zahlengetriebe, seine Mitteilungen mit einer Eilfertigkeit von sich gibt, daß die Empfänger entweder nur fetzenweise oder gar nicht folgen können, dann hilft seine intellektuelle Funktionslust, seine Satisfaktion der Überlegenheit, seine Geringschätzung der »Langsamen« niemandem etwas, außer einigen Klassentalenten, die einmal seine Tradition würdig fortführen können.«

7.3. Lehrer und Schule als »Schicksal«

Unter dem Titel »Die Mutter als Schicksal« hat *Schottlaender* (1947) an einigen Lebensgeschichten darauf hingewiesen, wie bedeutsam die Mutter-Kind-Beziehung für das spätere Leben des Menschen ist. Diese Tatsache wurde inzwischen durch psychoanalytische Forscher genau belegt. – Wer Vorgänge in unseren Schulen beobachtet und in Erziehungsberatung und Psychotherapie mit Schulkonflikten zu tun hat, muß zu der Ansicht kommen, daß auch Lehrer für manchen Schüler zum Schicksal werden können. Und zwar jene Lehrer, die ihre ungelösten seelischen Konflikte unbewußt in die Schule hineintragen.

7.3.1. Eine Schülerin wird mathematisch »unbegabt«

Wenn eine Lehrerin aus eigenen unbewußten Übertragungseinstellungen heraus den gefühlsmäßigen Kontakt zu Kindern abwehren muß, kann sich das besonders nachteilig auswirken. *Müller-Eckhard* (1955, S. 97) berichtet von einem elfjährigen Mädchen, das in der Grundschule durch ausgezeichnete Fähigkeiten in Mathematik auffiel. Deshalb war unerklärlich, weshalb die Leistungen dieser Schülerin bei der neuen Mathematiklehrerin plötzlich abfielen und diese sie als »mathematisch unbegabt« bezeichnete. Die Ursache für den unverständlichen Leistungsabfall lag in der Kontaktverweigerung der Lehrerin, den dieses Kind nicht verarbeiten konnte. Diese Kontaktverweigerung wurde schon am ersten Schultag von der Lehrerin eindringlich angezeigt. Am Ende des Unterrichts streckte ihr Barbara die Hand zum Abschied hin, so wie sie es von ihrer Grundschullehrerin gewöhnt war, und sagte: »Auf Wiedersehen, Fräulein Doktor!«

»Die Studienrätin reagiert in diesem Augenblick ganz und gar anders, als Barbara sich das vorgestellt hat – und als das Kind es bisher gewohnt war.

Die Lehrerin ruft laut in die Klasse: O das ist gut, daß das geschieht (sie meint, daß Barbara ihr die Hand hinhält). Noch einmal hinsetzen und Ruhe!

Also ein für allemal: Händchen geben und solche Mätzchen, das gibt es in der höheren Schule nicht. In der höheren Schule wartet man gefälligst ab, bis man die Hand gereicht bekommt, dann erst darf man die seine ausstrecken. In der Volksschule mag es solche Dinge (!) gegeben haben, hier jetzt nicht mehr. Merkt euch das! Ich möchte es nicht mehr sehen!« (*Müller-Eckhard* 1955, S. 98).

Durch die unpersönliche, abweisende Art der Lehrerin wurde dieses Mädchen verunsichert. Ohne persönliche Kontaktaufnahme war es ihm – jedenfalls mit elf Jahren – noch unmöglich, erfolgreich zu lernen. Die Lehrerin war schnell zur Hand mit der Erklärung für das Versagen: unbegabt. Aber wie ist zu erklären, daß die gleiche Schülerin bei einer anderen Lehrerin wieder gute und sehr gute Mathematikleistungen aufwies? Die unpersönliche Distanziertheit der Studienrätin schloß für das Mädchen aus, sich zu interessieren und zu begeistern. Je jünger ein Kind ist, um so stärker treffen *Müller-Eckhards* Feststellungen zu (1955, S. 99, 100): Kein Kind »vermag auf die Dauer ohne weiteres Wissensstoff und Kenntnisse von einem Menschen anzunehmen, der ihm völlig gleichgültig ist. Kinder vermögen nicht ›neutral‹ zu sein. Alles wird von Affekten getragen . . . Auf keinen Fall ›kann‹ ein Kind das, was der erwachsene Mensch später lernt: das interesselose Interesse . . . Der Erwachsene vermag sich mit seinem Intellekt in eine Sache oder eine Person hineinzubegeben und mit seinem Sein weit draußen zu bleiben, das Kind nicht.«

Ein einziger Lehrer kann die Entwicklung Hunderter von Kindern anregen und fördern oder behindern und erschweren. Ist es ein Lehrer, der aus eigenen Schwierigkeiten heraus den Schülern Schwierigkeiten macht, dann tritt eine ausweglose Situation ein: Die Kinder als schwächere Gegenspieler können sich gegen das unangemessene Verhalten des Lehrers kaum wehren. Alles, was in vergleichbaren Situationen anderer Berufe einträte, fällt hier weg: Die Schüler können ihm nicht aus dem Weg gehen, ihm kündigen oder sich einen anderen Lehrer suchen. Einmal im Beamtenverhältnis, können auch Vorgesetzte kaum etwas gegen ihn unternehmen. So sieht sich der Lehrer einem Partner gegenüber, an dem er ohne Angst vor Vergeltung auch solche Triebregungen auslassen kann, mit denen er bei erwachsenen Personen auf Widerstand stoßen würde.

Wir haben gesehen, wie Lehrer aus persönlichen unbewußten Konflikten heraus den Schülern gegenüber ein der Situation unangemessenes Verhalten zeigen. Ein solches Verhalten kann sich auf das einzelne Kind störend und lernbehindernd auswirken. Ich möchte aus diesem Sachverhalt einiges folgern.

7.4. Psychohygienische Konsequenzen für den Lehrberuf

7.4.1. Der tiefenpsychologische Aspekt in der Lehrerweiterbildung

Es gibt kaum einen Beruf, für den tiefenpsychologisches Wissen so unerläßlich ist wie für den Lehrer. Wer ein Leben lang mit jungen Menschen umgeht, müßte gründlich in die Wissenschaft vom Menschen eingeführt werden. Deshalb sollte die tiefenpsychologische Ausbildung nicht nur ein Kernstück der Lehrerausbildung sein, sondern auch in der Lehrerweiterbildung stärker hervortreten. Das schulische Zusammenleben könnte verbessert und der Lernerfolg gesteigert werden, wenn Lehrer mehr über die emotionalen Bedingungen erfolgreichen Unterrichtens wüßten. Dieses unentbehrliche Wissen wird oft abgewehrt mit der kurzsichtigen Einstellung, daß das Wichtigste Erfahrung und »Praxis« seien. Der Theorie sind viele Lehrer abgeneigt – woran die Theoretiker nicht unschuldig sind.

Eine Einführung in die Tiefenpsychologie müßte zumindest die folgenden Bereiche umfassen: Das Unbewußte und seine Erscheinungsformen. – Die psychoanalytische Phasenlehre; sie zeigt auf, welche Aufgaben das Kind in jeder Entwicklungsphase zu bewältigen hat, unter welchen Bedingungen das am besten geschehen kann und wo Störungsmöglichkeiten und Ansätze für neurotische Erkrankungen liegen. – Der künftige Lehrer sollte ferner die wichtigsten kindlichen Neurosenformen kennenlernen. Wenn das Kind körperlich krank ist, muß es der Schule fern bleiben; die Krankheit spielt sich zu Hause ab. Für die kindliche Neurose hingegen kann die Schule ein Hauptaustragungsort werden. Besondere Aufmerksamkeit müßte der tiefenpsychologischen Erhellung der Lehrerrolle gewidmet werden.

7.4.2. Die tiefenpsychologische Lehrerberatung

Das hier behandelte Problem der Übertragung weist besonders deutlich auf die Notwendigkeit hin, psychotherapeutische Beratungsstellen für Lehrer einzurichten. So wie der Lehrer juristischen Beistand durch die Rechtsschutzstelle, didaktische und pädagogische Hilfe durch Seminarleiter oder Schulrat bekommen kann, sollte für ihn auch eine Möglichkeit eingerichtet werden, sich in seelischen Schwierigkeiten beraten zu lassen. Es sollten also psychotherapeutische Beratungsstellen für Lehrer eingerichtet werden. Sie hätten die Aufgabe, abzuklären, ob im jeweiligen Fall eine Psychotherapie das angezeigte Behandlungsverfahren ist oder welche Möglichkeiten der Behandlung oder Beratung sonst in Frage kämen.

7.4.3. Tiefenpsychologische Selbsterfahrungsgruppen mit Lehrern

In Selbsterfahrungsgruppen sollte der Lehrer die Möglichkeit haben, sich mit eigenen unbewußten Konflikten auseinanderzusetzen. Solche Gruppen können von einem Psychotherapeuten oder gruppendynamisch geschulten Psychologen geleitet werden. Eigene Schulerfahrung des Leiters wäre besonders vorteilhaft. In gruppendynamischen Sitzungen werden die Lehrer dazu angeregt, eigene unbewußte Einstellungen und Probleme kennenzulernen: Einstellungen gegenüber der Klasse und einzelnen Schülern, gegenüber Kollegen und Vorgesetzten. Die Teilnehmer erfahren, wie sie auf andere wirken. Sie lernen erkennen, daß bestimmte Haltungen mit Problemen ihrer persönlichen Entwicklung zusammenhängen. Solche Selbsterfahrungen verhindern, daß eigene Konflikte unkontrolliert auf Schulkinder übertragen werden.

In den Lehrergruppen können die im täglichen Unterrichts- und Erziehungsgeschehen auftauchenden Probleme durchbesprochen und auf ihre tiefenpsychologischen Hintergründe hin beleuchtet werden. Der Wert dieser Arbeit liegt nicht in der Information, sondern in der gruppentherapeutischen Wirkung: Man lernt die Schwierigkeiten anderer kennen, entdeckt sie zum Teil als seine eigenen; man erlebt bestimmte Emotionen und Affekte und kommt so zu vertiefter Selbsteinsicht.

7.4.4. Die Schülerkritik am Lehrer

Schließlich sollten wir die Kritik des Schülers an Lehrer und Schule nicht als feindselige Aggression betrachten, sondern als hilfreiches Mittel, um die schulische Atmosphäre zu verbessern.

Es ist nicht damit getan, daß ein Erzieher etwas »gut meint«; er muß auch danach fragen, wie es bei den Kindern tatsächlich ankommt, welche Wirkungen sein Verhalten auslöst. Deshalb sollte es der Lehrer nicht dem Zufall überlassen, zu erfahren, wie die Schüler zu seinem Unterricht und seinem Verhalten stehen. Schon einfachste Befragungen – schriftliche oder mündliche, anonyme oder namentliche – regen ihn vielfältig an, mit der Klasse ins Gespräch zu kommen und Unterrichts- und Erziehungsmaßnahmen zu überdenken.

Solche Befragungen und Gespräche bewirken, daß wir auf unseren »blinden Fleck« aufmerksam gemacht werden: auf Verhaltensweisen nämlich, die wir an uns selbst nicht wahrnehmen können. Wenn wir die Schüler zu Kritik anregen und mit ihnen die Klassenprobleme offen besprechen, wird überdies viel von gespannter Aggressivität gar nicht auftreten. Denn die Schüler machen an ihrem Lehrer die Erfahrung: »Mit dem kann man reden.« Und das ist ein hohes Lob, das ein Erzieher bekommen kann.

7.4.5. Die Psychoanalyse des Lehrers

Im Zusammenhang mit der vorliegenden Problematik wird gelegentlich die Psychoanalyse des Lehrers gefordert. Freilich führt der beste Weg, Kinder zu verstehen, über das Verstehen der eigenen Kindheit. Und eine wirksame Methode der Eigenerkenntnis ist die Psychoanalyse. Niemand kann jedoch daran denken, die Psychoanalyse jedes Lehrers anzustreben. Das ist praktisch nicht durchführbar und auch nicht nötig. Beim psychisch gesunden Menschen kann ein Mindestmaß an Selbsterkenntnis und Selbstverständnis durch einen entsprechenden Ausbildungsgang, durch das Studium von Eigen- und Fremderfahrungen, durch Literatur angeregt werden. – Das ist aber um so schwieriger und nutzloser, je psychisch gestörter der Lehrer ist. Wir kennen Erzieher, die unter dem Leitsatz »Uns hat es auch nicht geschadet!« die psychisch krankmachenden Methoden ihrer eigenen Eltern und Erzieher an den Kindern fortsetzen: Sie sehen nicht, wie es ihnen geschadet hat und können deshalb nicht einsehen, wie es ihren Zöglingen schadet.

»Der Erzieher muß sich vor allem vor Augen halten, daß die unbewußten Seelenregungen nicht nur im Kinde, sondern auch in ihm selbst wirksam sind. Er muß demnach die Gefahr bedenken, daß sich eigene unbewußte Triebregungen dort dem Kinde gegenüber bei ihm durchsetzen können, wo er vor dem Bewußtsein scheinbar rational begründete pädagogische Maßnahmen zum Wohle des Kindes getroffen zu haben meint.« (*Fromm-Reichmann* in: *Bittner/Rehm* 1964, S. 68)

Daß der Lehrer unbewußte Triebregungen an Schulkindern befriedigen kann, ist ein ernster Sachverhalt. Die Phrasen vom pädagogischen Eros, vom Idealismus des Lehrers, von der Liebe zum Kind und dergleichen mehr trüben den Blick für die erzieherische Wirklichkeit. Im Hinblick auf den seelischen Gesundheitsschutz in der Schule müßte die Psychoanalyse als Heilverfahren seelisch kranken Lehrern dringend empfohlen werden. Ein Lehrer, der seine Übertragungshaltungen in einer psychoanalytischen Behandlung kennenlernt, ist weniger in Gefahr, sie unkontrolliert in der Schulklasse auszuleben. Umgekehrt vermag er besser zu verstehen, daß manche auf ihn gerichteten Aggressionen und Ängste, manche emotionalen Erwartungen von Schülern im Grunde nicht ihm gelten.

Die Psychoanalyse des Lehrers gewinnt einen sozialen Aspekt, wenn man bedenkt, mit wie vielen tausend Kindern er in Berührung kommt und wie viele Schülerschicksale er zum Guten oder Schlechten lenken kann. Gewiß unterlaufen auch dem analysierten Lehrer Fehler im Umgang mit Kindern – und ein perfekter Lehrer wäre gar nicht wünschenswert. Aber was ein Lehrer durch Informations- oder Heilanalyse erwirbt, ist vor allem die Fähigkeit zu Selbstkritik und Selbstkorrektur. – Der Weg dorthin geht freilich mit Kränkungen der Eigenliebe einher, wie diese *Sigmund Freud* der Psychoanalyse insgesamt zugeschrieben hat.

»Zwei große Kränkungen ihrer naiven Eigenliebe hat die Menschheit im Laufe der Zeiten von der Wissenschaft erdulden müssen. Die erste, als sie erfuhr, daß unsere Erde nicht der Mittelpunkt des Weltalls ist, sondern ein winziges Teilchen eines in seiner Größe kaum vorstellbaren Weltsystems. . . . Die zweite dann, als die biologische Forschung das angebliche Schöpfungsvorrecht des Menschen zunichte machte, ihn auf die Abstammung aus dem Tierreich und die Unvertilgbarkeit der animalischen Natur verwies. . . . Die dritte und empfindlichste Kränkung aber soll die menschliche Größensucht durch die heutige psychologische Forschung erfahren, welche dem Ich nachweisen will, daß es nicht einmal Herr im eigenen Hause, sondern auf kärgliche Nachrichten angewiesen bleibt von dem, was unbewußt in seienm Seelenleben vorgeht.«

Diese Kränkung mag mit daran schuld sein, daß die Psychoanalyse auch im Bereich der Schule noch zu sehr ignoriert wird. Doch in einer Zeit, in der Schule und Lernen so wichtig geworden sind, sollten wir uns mehr der Einsichten bedienen, welche die Psychoanalyse für den Schulunterricht bereitstellen kann.

Zusammenfassung:

Für psychisch gestörte Lehrer kann die Schule Austragungsort ihrer unbewußten Konflikte werden. Der Lehrer überträgt unverarbeitete seelische Probleme auf die Schüler und verzerrt damit den pädagogischen Bezug. So kann es sich zum Beispiel bei einem besonders aggressiven Lehrer darum handeln, daß sich dieser unbewußt mit seinem überstrengen Vater identifiziert: Er verhält sich nun den Schülern gegenüber genauso, wie dies ihm von seinem Vater widerfahren ist. Besonders häufig ist, daß Lehrer ihre in der Kindheit erworbenen Minderwertigkeitsgefühle in der Schule ausgleichen. Gegenüber den »dümmeren« Kindern sind sie endlich überlegen – und genießen nun das Glück der Überlegenheit. Für die Schüler bedeutet das: fortlaufende Überforderung durch Herabsetzung.

Ein Lehrer, der seine neurotische Störung in der Schulklasse abreagiert, kann für Kinder zum »Schicksal« werden. Besonders bei lerngestörten Schülern wird oft deutlich, einen wie großen Anteil daran ein psychisch kranker Lehrer haben kann; das gleiche gilt für Kinder, die in der Schule Verhaltensstörungen zeigen. Das Problem wird dadurch verschärft, daß sich Schüler in der Regel kaum gegen eine psychisch fehlentwickelte Lehrerpersönlichkeit zur Wehr setzen können.

Die neurotische Lehrerpersönlichkeit ist ein sehr ernstes Problem der Psychohygiene in der Schule. Es müßte einiges geschehen, um die Lösung dieses Problems anzugehen. So könnte man den Interessenten am Lehrberuf die Möglichkeit geben, sich auf ihre Eignung hin psychologisch untersuchen zu lassen. Die tiefenpsychologische Aus- und Weiterbildung der Lehrer müßte verstärkt werden. Vor allem sollten Lehrer die Chance bekommen, sich mit ihren Konflikten an tiefenpsychologische Lehrerberatungsstellen zu wenden. In Selbsterfahrungsgruppen könnten Lehrer ihre Schwierigkeiten besser verstehen lernen und eine Verhaltensänderung anbahnen.

Das Unterrichts- und Erziehungsverhalten sollte fortlaufend begleitet werden von Selbstkritik und Fremdeinschätzung; zum Beispiel von einer fest eingerichteten Kritik der Schüler am

Lehrer, die diesem zeigen soll, wie er auf die Schulklasse wirkt – und die ihm ermöglichen kann, sein Verhalten zu überprüfen. Schließlich würde es die große soziale Verantwortung im Lehrberuf erfordern, daß sich schwer neurotische Lehrer in psychoanalytische Behandlung begeben.

8. Zur Problematik der Lehrerpersönlichkeit

Konsequenzen für die schulpädagogische Ausbildung

8.1. Zur Problematik der Lehrerpersönlichkeit

8.1.1. Die Lehrerpersönlichkeit als Problem des seelischen Gesundheitsschutzes in der Schule

Ein Lehrer, der an Lungentuberkulose erkrankt, muß aus dem Schuldienst ausscheiden. Hat er hingegen eine schwere Psychoneurose und deshalb Schwierigkeiten mit Schülern und Eltern, wird er an eine andere Schule versetzt: Als ob Schüler im Bayerischen Wald an einer psychisch kranken Lehrerpersönlichkeit Schaden nehmen dürften, während dies in einem Münchner Villenvorort nicht sein darf.

Dieser Sachverhalt zeigt ein beschämendes Nachhinken der schulischen Wirklichkeit hinter grundlegenden psychologischen Einsichten. Daß der Lehrer unbewußt Konflikte an Schulkindern abreagieren und dabei die Schüler schädigen kann, ist immer schon bekannt gewesen; die Psychoanalyse hat diesen Tatbestand jedoch schärfer formuliert. Konsequenzen daraus wurden kaum gezogen.

Die Phrasen vom pädagogischen Eros und vom Idealismus des Lehrers trüben den Blick für die erzieherische Wirklichkeit. Es ist eine Aufgabe der Schulpädagogik, Erfahrungsbefunde unbeschönigt darzustellen. Zu solchen Befunden gehört, daß eine psychisch kranke Lehrerpersönlichkeit so gefährlich wirken kann wie jene, die unter einer ansteckenden Krankheit leidet. Ein schwer neurotischer Lehrer kann jedoch unangefochten über Jahrzehnte seine »ansteckende Krankheit« an Kinder weitergeben. Es scheitern dann Schüler an der Schule, »weil das Bewußtsein der . . . Erzieher das Scheitern der Schule nicht akzeptieren will« (*Höchstätter* 1970, S. 135).

8.1.2. Zur Bedeutsamkeit der Lehrerpersönlichkeit

Wir wissen, daß ganze Schulklassen ihr Lernverhalten ändern können, wenn sie einen anderen Lehrer bekommen. Der Unterrichtserfolg ist selbst dort von der Lehrerpersönlichkeit abhängig, wo die Person des Lehrers weitgehend zurücktritt – etwa beim programmierten Lernen: Trotz der weitgehenden Objektivierung dieses Lernverfahrens – das zeigten Untersuchungen – bestimmen auch hier Einstellungen und Verhaltensweisen des Lehrers den Erfolg entscheidend mit.

So wirkt sich zum Beispiel die Erwartungseinstellung von Lehrern auf die intellektuellen Fähigkeiten der Kinder aus. Schüler einer experimentellen Gruppe, von denen die Klassenlehrer einen großen intellektuellen Gewinn erwarten, zeigten im Intelligenztest einen deutlich größeren Gewinn als jene Schüler, auf die ihre Lehrer keine solchen positiven Erwartungen setzten. Man kann vermuten – schreibt Tausch –, daß Lehrer mit positiven Erwartungseinstellungen intelligentes Verhalten eher positiv bekräftigen, daß sie sich diesen Schülern mehr zuwenden und fehlerhafte Äußerungen seltener kritisieren. »Wahrscheinlich spüren die Schüler auch den Optimismus . . . ihrer Lehrer, sie empfinden weniger Angst, nehmen mehr am Unterricht teil und werden intellektuell funktionstüchtiger.« (*Tausch* 1970, S. 130)

8.1.3. Beispiele für psychohygienische Probleme im Hinblick auf die Lehrerpersönlichkeit

8.1.3.1. Die Gefahr der Übertragung unbewußter Einstellungen

In der Psychoanalyse bezeichnet man mit dem Begriff »Übertragung« die Tatsache, daß unsere Beziehung zu anderen bewußte und unbewußte Elemente enthält. Die unbewußten Elemente bestehen aus Haltungen, Bedürfnissen und Gefühlen, die wir in der Kindheit entwickelt haben, nun aber unbewußt auf andere Personen übertragen.

Wenn etwa ein Lehrer in der Kindheit von seinen Eltern und einem größeren Bruder ständig kritisiert, herabgesetzt, verächtlich gemacht wurde, dann mußte es zu einer Störung des Selbstvertrauens kommen. Es ist psycho-logisch, daß ein solcher Mensch dazu neigt, sich inmitten von geistig Unterlegenen endlich ein Stück Selbstbestätigung zu verschaffen. *Müller-Bek* (1958, S. 54) weist auf diese Gefahr der Lehrerposition hin, wenn er feststellt, »daß die Gewöhnung an geistig unterlegenes Publikum Überschätzung der eigenen Potenz nach sich zieht. Unter Blinden ist der Einäugige König. Kommt er dann zu den Zweiäugigen, erlebt er hier fortwährend narzißtische Kränkungen. Dazu kommt, daß die Umwelt sich die Selbstüberschätzung des Lehrers nicht gern gefallen läßt und mit Herabsetzung und Spott reagiert. Der liebe Gott weiß alles, der Lehrer weiß alles besser. Der Lehrer hat es also sehr leicht, sich in einer abgeschlossenen Welt, die aus lauter Kindern besteht, Selbstbestätigung zu verschaffen.«

Daß Lehrer unbewußt sadistische Regungen an Kindern abreagieren, ist bekannt. Allerdings waren die plumpen Sadismen früherer Zeit für den Schüler besser zu verarbeiten als die sublimierten, die wir heute in der Schule beobachten können: etwa die Extemporaliendiktatur, Prüfungsschikanen, kränkende Blamagesituationen, quälerisches Angstmachen, die Folter mit dem Zensurenbüchlein, spöttisches Bloßstellen.

Psychisch kranke Lehrer wiederholen also ihre unverarbeiteten Konflikte in der Beziehung zu den Kindern – und sie tun das oft unter der Maske pädagogischer Notwendigkeit.

8.1.3.2. Die ungleiche Situation in der Lehrer-Schüler-Beziehung

Wenn es ein Lehrer aus eigenen Schwierigkeiten heraus den Schülern schwermacht, tritt eine ausweglose Situation ein: Die Kinder als schwächere Gegenspieler können sich gegen sein unangemessenes Verhalten kaum wehren. – Alles, was in vergleichbaren Situationen anderer Berufe einträte, fällt hier weg: zum Beispiel Protest der Kollegen, weniger Aufträge, verweigerte Gehaltserhöhung.

Diese Härte der Realität bekommt ein Lehrer, der seine erzieherische Aufgabe mangelhaft erfüllt, nicht zu spüren: Die Schüler können ihm nicht aus dem Weg gehen, ihm kündigen oder sich einen anderen Lehrer suchen. Ist er einmal im Beamtenverhältnis, vermögen auch Vorgesetzte kaum etwas gegen ihn zu unternehmen. »Da der Lehrer keinen ›freien Beruf‹ ausübt, . . . wird der Unfähige nicht so leicht wie in anderen Berufen . . . ausgeschieden. Das Kind wird gezwungen, auch zum schlechten Lehrer in die Schule zu gehen« (*Schneider* 1929, S. 239). Es ist auf den Erwachsenen angewiesen. So sieht sich der Lehrer einem Partner gegenüber, an dem er ohne Angst vor Vergeltung auch solche Triebregungen auslassen kann, mit denen er bei Erwachsenen auf Widerstand stoßen würde.

8.1.3.3. Das Mißverhältnis zwischen Einsicht und tatsächlichem Lehrerverhalten

In einer Untersuchung von *Tausch* haben Lehrer ihr Verhalten in bestimmten Erziehungssituationen zu Protokoll gegeben. Später sollten sie aus mehreren Möglichkeiten die beste für eben diese Situation auswählen. Dabei zeigte sich, daß das Tun der Lehrer und ihre Meinung über das richtige Verhalten deutlich voneinander abwichen: Von den Lehrern wurden bei distanzierter Betrachtung diejenigen Verhaltensformen als ungünstig abgelehnt, die sie selbst überwiegend, nämlich zu 90%, verwirklicht haben. Erziehungsformen, die sie hingegen selten verwirklichten, bezeichneten sie als sehr geeignet, um Schüler zu einem pädagogisch erwünschten Verhalten anzuregen. (*Tausch* 1970, S. 194)

Das Auseinanderklaffen von bewußter Einsicht und tatsächlichem Handeln hat viele Gründe. Ein Grund ist, daß unbewußte Reaktionen das Verhalten des Lehrers störend beeinflussen. – Hochschuldidaktisch gilt es daraus zu folgern, daß verstandesmäßige Einsicht kaum eine Gewähr für ein erwünschtes Lehrerverhalten gibt.

8.2. Folgerungen für die schulpädagogische Ausbildung

8.2.1. Die Eignungsfeststellung für den Lehrberuf

Den Abiturienten, die Lehrer werden wollen, müßten wir ermöglichen, sich auf ihre Eignung als Berufserzieher hin untersuchen zu lassen. So könnte zumindest schwer gestörten jungen Menschen vom Lehramt abgeraten werden. Dem am Lehrerstudium Interessierten würden durch eine entsprechende testpsychologische Untersuchung seine Beweggründe für die Berufswahl deutlicher. Viele Studienbewerber würden aus eigenem Interesse heraus einen Berufseignungstest mitmachen. So hätte manch Ungeeigneter die Chance – zu seinem Wohl wie zu dem der Schulkinder –, eine unheilvolle Berufslaufbahn abzuwenden.

Besonderer Aspekt der Studienberatung müßte sein, auf die Frage der Eignung für den Umgang mit jungen Menschen hinzuweisen. Auch in Vorlesungen und Seminaren sollte der Eignungsaspekt stärker herausgestellt werden. – Eine entsprechende Unterweisung in Tiefenpsychologie und Pädagogik könnte die Studierenden der pädagogischen Hochschulen und erziehungswissenschaftlichen Fakultäten auf die speziellen Probleme und charakterologischen Eigenarten der Erzieherpersönlichkeit hinweisen. Dadurch würde der so wichtige Prozeß der Selbstprüfung angeregt, der hemmende, unbewußte Komplexe bewußtseinsnäher macht.

8.2.2. Früher und vielseitiger Umgang mit Schülern

8.2.2.1. Die fortlaufende schulpraktische Erfahrung

Damit Lehrerstudenten frühzeitig Eignungskriterien gewinnen, muß das Studium vom ersten Semester an den Umgang mit Schülern ermöglichen: indem sich der Student mit einzelnen Kindern befaßt, mit Gruppen Gespräche führt und Lehrinhalte erarbeitet, in der Klasse erst Teilaufgaben, dann Unterrichtsstunden übernimmt. Auch durch das Kennenlernen verschiedener Lehrer kann er sich ein Bild von seiner künftigen Aufgabe machen und seinen Entschluß, Lehrer zu werden, bekräftigen oder korrigieren.

Die unmittelbare Berührung mit den Problemen des gewählten Berufes schafft Beweggründe für ein eindringlicheres, an den künftigen Aufgaben orientiertes Studium. Der Umgang mit Schülern könnte dazu dienen, die Informationen in Psychologie, Pädagogik, Schulpädagogik sowie in den Fachdidaktiken gleichsam zu »erden« –. Es gehe also – so schreibt der Bildungsrat – um die »Möglichkeit der Erprobung eigener Fähigkeiten als Lehrender und als Leiter gruppendynamischer Prozesse, ohne die niemand seine Entscheidung für den späteren Beruf treffen sollte.« (Deutscher Bildungsrat 1970, S. 232)

8.2.2.2. Selbst- und Fremdeinschätzung des Unterrichtsverhaltens

Die schulpädagogische Ausbildung sollte von Anfang an mit fortlaufender Selbst- und Fremdeinschätzung des Unterrichtsverhaltens verknüpft werden. – Dem muß vorausgehen, daß die Studierenden die Chance bekommen, den Dozenten gegenüber Kritik zu üben; denn in ihrer eigenen Schulzeit konnten sie dies wenig erfahren. – Bisher war üblich, daß Kritik unter Druckausübung von oben nach unten verlief, etwa Schulrat –

Rektor – Lehrer – Schüler. Es ist an der Zeit, diesen Verlauf umzukehren, so daß Kritik von unten nach oben nicht mehr auf unerlaubte Kanäle ausweichen muß, sondern zur festen Einrichtung wird. – So sollten frühzeitig Möglichkeiten ausgearbeitet werden, durch die sich der Lehrerstudent Kritik seiner Schüler als Rückmeldung auf sein Unterrichtsverhalten zunutze machen kann.

8.2.2.3. Die Notwendigkeit einer Didaktik der schulpraktischen Ausbildung

Wenn das Studium an pädagogischen Hochschulen von Anfang an eine planvolle Begegnung mit Schule und Schülern einschließen soll, setze ich eine überlegt gehandhabte Durchführung des Praktizierens voraus . An Stelle ungezielten Zuhörens und zufallsgesteuerten Versuchens müßte eine planvolle Einführung erfolgen: wie und was man beobachtet; in welcher Weise der Hospitant vor Unterrichtsbeginn mit den Schülern Kontakt aufnehmen kann; wie er das Wissen aus den Hochschulvorlesungen mit der beobachteten Schulpraxis konfrontieren kann; wie eine sorgfältig überlegte Mitarbeit des Praktikanten erfolgen kann; auf welche Weise das Erlebte und Beobachtete mit dem Klassenlehrer gründlich diskutiert werden kann – ohne daß solche Gespräche nur ein Anhängsel an den Schultag sind. Diese Einführung in die Schulpraxis müßte die Beziehung zwischen Ausbildungslehrern und Studenten einschließen: So sollte etwa die Kritik des Studierenden am Lehrer nicht nur erlaubt, sondern Bestandteil der schulpraktischen Begegnungen werden. – Es geht nicht nur um Information und Lehrversuch; der Student soll vielmehr eingetaucht werden in die schulische Atmosphäre; er soll nicht nur erkenntnismäßige, sondern auch emotionale Erfahrungen machen und so die Chance einer Haltungsveränderung bekommen.

Kernpunkt der schulpraktischen Begegnung sind nicht das Zuschauen und das Abhaspeln von Lektionen, sondern der Umgang mit einzelnen Schülern, mit Schülergruppen und die Beziehung zwischen dem Praktikanten und dem Ausbildungslehrer.

8.2.2.4. Das Kontaktstudium für Ausbildungslehrer

Was das übliche Praktikum ständiger Kritik aussetzt, ist die geringe Beziehung zwischen Ausbildungslehrern und Hochschule. Kriterium für die Verwendung als Ausbildungslehrer sollte nicht nur die Beurteilung durch Schulrat und Hochschule sein, sondern vor allem die Frage, ob der Ausbildungslehrer bereit ist, ein planmäßiges Kontaktstudium an der Hochschule mitzumachen. Dieses Kontaktstudium müßte sich unter anderem mit folgenden Problemen befassen:

1. Die Einführung der Studierenden in den Umgang mit Kindern und Jugendlichen.
2. Die Einführung der Studierenden in Unterrichtsprobleme.
3. Die Information der Ausbildungslehrer über neueste – unmittelbar für Unterricht und schulische Erziehung wichtige – wissenschaftliche Ergebnisse.
4. Die Beziehung zwischen Studierenden und Ausbildungslehrern.

Lehrer, die für diesen ersten Bereich der Berufseinführung tätig sind, müssen »über grundlegende praktische Erfahrungen und erziehungswissenschaftliche Kenntnisse verfügen. Es genügt nicht, ›bewährte Praktiker‹ der Schule mit diesen Aufgaben zu betrauen, ohne ihnen Gelegenheit zu geben, den Anschluß an den Stand der Forschung in Erziehungswissenschaft, Fachwissenschaft und Fachdidaktik zu finden«. (Wissenschaftsrat 1970, S. 39) Die Bemühung der pädagogischen Hochschule, Studenten in die neuesten pädagogischen und didaktischen Erkenntnisse einzuführen, ist wertlos, wenn die Studenten dann in der Praxis tun müssen, was schon vor einem halben Jahrhundert überholt war.

Der frühe Umgang mit Schülern würde den Studierenden von Anfang an auf sein wesentlichstes »Objekt« – das Kind – hinlenken. Die schulpraktischen Erfahrungen könnten ihm die grundlegende Entscheidung der endgültigen Berufswahl erleichtern und ihn fortlaufend für das wissenschaftliche Studium motivieren. Vor allem aber brächte der enge Kontakt mit den Schülern Anstöße zur Verhaltensüberprüfung und die Chance der Verhaltensänderung. Damit wäre eine wichtige Voraussetzung für die stärkere Beachtung des psychohygienischen Aspektes in der Lehrer-Schüler-Beziehung geschaffen.

8.2.3. *Die Notwendigkeit korrigierender Erfahrung im pädagogischen Bereich*

Viele Studenten streben zum Beispiel einen partnerschaftlichen Erziehungs- und Unterrichtsstil an. Trotz richtiger Beweggründe und ernstlicher Bemühung können sie das erstrebte Verhalten nicht verwirklichen. Sie kehren entmutigt zu den herkömmlichen negativen Mitteln zurück – jenen nämlich, die sie an ihren Lehrern erfahren haben. Sich Wissen anzueignen reicht nicht aus, um ein Verhalten zu ändern. Zur Information muß die korrigierende Erfahrung kommen: Wir sollten dem Studierenden ermöglichen, erlernte Verhaltensweisen zu löschen und neue aufzubauen. Das kann geschehen durch ein planvolles Verhaltenstraining.

Es nützt zum Beispiel wenig, dem Studierenden eine Vorlesung über »Gruppenarbeit« zu bieten, wenn er nicht gleichzeitig sich selbst in dieser Arbeitsform üben kann. – Es bewirkt nicht viel, wenn wir die Studenten über den partnerschaftlichen Führungsstil informieren: Sie müssen diesen Unterrichtsstil erleben. – So gälte es den gesamten Bereich der pädagogischen Hochschule daraufhin zu durchforschen, inwieweit die Studierenden korrigierende Erfahrungen machen können, die es ihnen ermöglichen, sich anders zu verhalten, als sie es in dreizehn Schuljahren erlebt haben. Wir können nicht durch Informationen, wir können nicht durch Worte ein Verhalten löschen, das sich in vielen Jahren eingeschliffen hat: Wir müssen neue Aktivitäten einleiten.

Deshalb muß zur wissenschaftlichen Information ein Erfahrungstraining kommen. In solchen Übungen geht es nicht darum, Kenntnisse über Kinder und Jugendliche zu vermitteln. Der Übungsleiter soll vielmehr den Teilnehmern dabei helfen, ihre Einstellungen gegenüber und ihre Beziehung zu den Schülern zu überprüfen »sowie Formen zu finden, die für sie als erziehende Erwachsene sowie für ihre jugendlichen Partner befriedigend sind. Für die Einstellung des Leiters ist wesentlich, daß es auf die Dauer gesehen wirksamer sei, einen allgemeinen Prozeß bei den zukünftigen Erziehern auszulösen, als einen perfektionierten Abschluß in einzelnen Teilbereichen zu forcieren« (*Tausch* 1970, S. 449). Wenn der Dozent vorschnell durch Unterweisung und durch sein Urteil sogenannte richtige Einsichten herbeiführt, verhindert er leicht unmittelbare Erfahrungen und gefühlsmäßig bestimmte Diskussionen der Studenten über ihre Verhaltensformen. »Eine Hauptaufgabe des Leiters ist vielmehr, Arbeitsgebiete vorzuschlagen und geeignete Arbeitssituationen und Diskussionen zu gestalten, die den Teilnehmern . . . persönliche Erfahrungen ermöglichen, aus denen sie selbständig Folgerungen ableiten können. Sehr bedeutsam ist, daß die Teilnehmer häufig, etwa in der Hälfte der Zeit, in Form von Kleingruppen zu je drei bis sechs Teilnehmern an gemeinsamen Problemen zusammenarbeiten beziehungsweise darüber diskutieren.« (*Tausch* 1970, S. 449) – Ich möchte aufzeigen, was das Wirksame – also das Verändernde – in solchen Übungen sein kann.

8.2.4. Die pädagogischen Selbsterfahrungsgruppen

8.2.4.1. Das Durchdenken von Erziehungs- und Unterrichtssituationen als Probehandeln

Pädagogische Selbsterfahrungsgruppen sind ausgerichtet auf die Erziehungs- und Unterrichtstätigkeit. – Eine klar umrissene Schulsituation wird als Ausgangspunkt des Gesprächs dargestellt. Zum Beispiel: »Es ist der 7. September, der erste Schultag ihres Lehrerlebens, dreiviertel acht Uhr. Sie stehen im Klassenzimmer; die ersten Schüler kommen herein.« – Unter weitgehender Zurückhaltung des Dozenten diskutieren die Studierenden darüber, wie sie sich verhalten wollen: ob sie den Schülern entgegengehen und ihnen die Hand reichen; ob sie am Schreibtisch sitzen bleiben; ob sie die Schüler erst gar nicht ins Klassenzimmer lassen, sondern anordnen, daß sie sich vor der Tür aufstellen; ob sie die Schüler gleich nach dem Namen fragen und sich selbst vorstellen und so fort. Wir greifen diese Mikrosituation heraus und sehen, wie sich an ihr die ganze Skala sozialer, emotionaler und intellektueller Verhaltensmöglichkeiten durchlaufen läßt. – Das Gespräch darüber, ob der Lehrer dem Schüler die Hand reichen oder ob er abwarten soll, bis dieser sie ihm gibt, betrifft nicht nur diese Situation, sondern ist beispielhaft für eine bestimmte Lehrereinstellung. Sie wird also exemplarisch und bekommt von daher eine breite Wirkung.

Was macht diese Art des Gesprächs wirkungsvoller als die Information? – Die tätige Teilnahme ermöglicht es dem Studierenden, seine eigene Einstellung gegenüber Schülern kennenzulernen und zu überprüfen; sie wird ihm selbst erst in dieser

Auseinandersetzung bewußt. – Allein, daß der Seminarteilnehmer in einer für ihn überschaubaren Situation handeln – nämlich sprachhandeln – kann, erhöht den Lernerfolg. Die Studierenden wägen aus ihrer Innensicht verschiedene Möglichkeiten und Wege des Handelns gegeneinander ab. Diesen Zustand hat Freud als »Probehandeln« bezeichnet. »Das Denken ist ein probeweises Handeln mit kleinen Energiemengen, ähnlich wie die Verschiebung kleiner Figuren auf der Landkarte, ehe der Feldherr seine Truppenmassen in Bewegung setzt.« (*Freud* XV, S. 96) Bei diesem Probehandeln spielt die Sprache eine wichtige Rolle.

8.2.4.2. Das Verhalten der Gruppe als Erfahrungsgegenstand

Einstellungen können nicht verändert werden, wenn wir nur überlegen, wie wir uns als Lehrer in bestimmten Situationen verhalten. Die Gruppe selbst ist Gesprächs- und Erfahrungsgegenstand. Es geht nicht darum, wer in der heutigen Übung das Protokoll schreibt; und wenn es niemand schreiben will, dann wartet der Seminarleiter so lange, bis sich entweder ein »Musterschüler« meldet oder eine depressiv gestimmte Studentin, die sich zu stark mit dem Leiter identifiziert; sondern es geht darum, daß wir als Gruppe ein solches Problem unmittelbar zu lösen versuchen. Ergebnis ist dann nicht, daß einer das Protokoll schreibt, sondern daß die Gruppe erfahren hat, wie man ein Gruppenproblem zu lösen versucht. – Ähnlich werden alle Schwierigkeiten angegangen: Soll geraucht werden oder nicht? Wie setzen wir uns am besten? Auf welche Weise zügeln wir einen »Gesprächszerstörer«? Wie ist das mit dem Zuspätkommen? – Es ist ein reinigender Vorgang, der in der Gruppe abläuft, wenn alle gemeinsamen Probleme gemeinsam angepackt werden.

Ein Fehlverhalten können wir nicht durch Worte berichtigen. Es kann viel eher korrigiert werden, wenn es gelingt, in der Gruppe die Beweggründe für ein unzweckmäßiges Verhalten zu aktualisieren und durchzuarbeiten. Freud hat einmal gesagt, niemand könne in Abwesenheit erschlagen werden – ebenso aussichtslos sei es, eine Gefühlseinstellung mit Worten korrigieren zu wollen, wenn sie im Moment gar nicht aktuell sei. Es ist also bedeutsam, die Studenten in eine Situation eintreten zu lassen, die ihnen hilft, eigene Konflikte, die hier zu Gruppenkonflikten werden, besser zu verstehen. Das Medium solcher Gruppenseminare ist daher nicht allein das Gespräch, sondern die gesamte Situation.

8.2.4.3. Der Leiter der Selbsterfahrungsgruppe als Modell

Der Leiter einer Selbsterfahrungsgruppe stellt für die Teilnehmer bewußt oder unbewußt ein Modell dar. Das soziale Klima im Seminar ist eine bedeutsame Bedingung zur Verhaltensänderung: zum Beispiel das Ausmaß an Verständnis und Wertschätzung, das die Teilnehmer durch das Verhalten des Leiters erfahren. Der Leiter wird zum anschaulichen Modell für Verhaltensweisen, die die Teilnehmer gegenüber Schülern im eigenen Unterricht zu verwirklichen suchen: er nimmt ihm widersprechende Auffassungen an; er respektiert den Widerstand von Gruppenmitgliedern gegenüber Änderungsvorschlägen; er verzichtet darauf, die Teilnehmer mit Druck zur Annahme von Einsichten zu bewegen. (nach *Tausch* 1970, S. 449)

Es wird nicht nur darüber diskutiert, ob und auf welche Weise der Lehrer seinen Schülern Kritik an seiner Person ermöglichen soll, sondern der Leiter selbst läßt die Gruppe erfahren, wie das möglich ist: indem er sich zum Beispiel durch einen Fragebogen kritisieren läßt oder indem er eigene Diskussionen anregt, in denen die Art des Seminars kritisiert wird; auf jeden Fall, indem er auf Kritik der Studenten eingeht.

Der Leiter des Seminars begnügt sich zum Beispiel nicht damit zu erörtern, wie sich der Lehrer als Prüfer verhalten soll, sondern stellt sich offen der Kritik an seinem eigenen, den Studenten gegenüber praktizierten Prüfungsverhalten. – Es ist müßig, darüber zu diskutieren, ob sich der Lehrer mit »Herr Rektor« titulieren lassen und er selbst seinen Vorgesetzten mit »Herr Oberschulrat« anreden soll; tatsächlich wirksam ist, wenn es den Gruppenteilnehmern zur Selbstverständlichkeit wird, an ihrem Leiter den »Doktor« zu streichen. – Wir greifen also Unterrichts- und Erziehungsprobleme der Gruppe so unmittelbar wie möglich auf. So kommt es zu einem gruppendynamischen Prozeß, der Einstellungs- und Verhaltensänderungen bewirken kann.

8.2.5. Der Mensch als wesentliches »Objekt« der Lehrerausbildung

Die Gefahr, daß künftige Lehrer – insbesondere Hauptschullehrer – auf das pädagogische Niveau mancher heutiger Gymnasiallehrer absinken, ist groß. Manches weist darauf hin, daß der Fachlehrer mehr Fachmann in seinem Studiengebiet wird, als was er eigentlich sein sollte: Fachmann im Unterrichten und Erziehen. Das »Objekt« eines Lehrers darf nicht nur die zu lehrende Sache, sondern muß vor allem der Schüler sein. Wenn das zentrale »Objekt« des Lehrers der Mensch sein soll, dann müßte der zentrale »Gegenstand« für Dozenten an pädagogischen Hochschulen und erziehungswissenschaftlichen Fakultäten mehr als bisher der Studierende selbst, der künftige Lehrer sein.

Zusammenfassung:

Ein Lehrer kann lernhemmend auf die Schüler wirken, wenn er seine krankhaften seelischen Konflikte an ihnen abreagiert. Wie bedeutsam die Persönlichkeit des Lehrers ist, wird zwar überall betont, aber Folgerungen daraus werden kaum gezogen. Weil der Lehrer eine ungleich mächtigere Position als der Schüler hat, kann er seine Fehlhaltungen – meist unter der Maske pädagogischer Notwendigkeit – in der Schule unbehindert ausleben.

Deshalb sollte jeder, der Lehrer werden möchte, die Chance bekommen, sich auf seine Eignung für den Umgang mit jungen Menschen hin untersuchen zu lassen.

Das Studium müßte vom ersten Semester an von praktischen Übungen begleitet sein, in denen der künftige Lehrer vielseitigen Umgang mit Schülern hat. Verbunden mit fortlaufender Selbst- und Fremdeinschätzung bestünde so die Möglichkeit, die eingeschlagene Berufsrichtung zu korrigieren. Die schulpraktische Ausbildung der Lehrerstudenten dürfte nicht einseitig auf die Unterrichtstechniken ausgerichtet sein; sie müßte stärker den sozial- und tiefenpsychologischen Gesichtspunkt des Lehrers berücksichtigen: den Umgang mit einzelnen Schülern, mit Schülergruppen und Schulklassen.

Eigene schlechte Schulerfahrungen sind nicht durch wissenschaftliche Einsichten zu lösen. Untersuchungen zeigen, daß Lehrer zwar die richtigen Einsichten haben, aber ein gegensätzliches Handeln praktizieren. Deshalb müßten im Rahmen der erziehungswissenschaftlichen Fakultäten Möglichkeiten geschaffen werden, die angehenden Lehrer neue, korrigierende Erfahrungen machen zu lassen: im Lernen und im Zusammenleben.

In kleinen Gruppen sollten Unterrichts- und Erziehungssituationen durchdacht werden, und zwar nicht rein verstandesmäßig, sondern im Hinblick auf eigene Einstellungen, Gefühle und Haltungen. So wird das Gespräch zum Probehandeln und kann in den Teilnehmern Verhaltensänderungen anbahnen.

Nicht das Erarbeiten neuen Wissens steht im Vordergrund, sondern das Arbeiten in der Gruppe selbst wird zum Erfahrungsgegenstand. Der Leiter solcher Selbsterfahrungsgruppen wirkt dabei nicht durch das, was er mitteilt, sondern durch sein Modellverhalten.

Die neue Lehrerbildung droht mit ihrem oft einseitigen Blick auf die fachwissenschaftliche Ausbildung in eine reine Unterrichtstechnologie abzufallen: Sie ignoriert den Menschen – und zwar den Schüler als Individuum und den Lehrer als Person. Lehrer kennen dann zwar die zu lehrende Sache genauer; aber sie werden nicht dazu angeregt, sich mit der gleichen wissenschaftlichen Sorgfalt und praktischen Unmittelbarkeit dem eigentlichen »Objekt« ihrer Aufgabe zuzuwenden: dem Schüler als heranwachsenden Menschen.

9. Die Aggression als Problem der Schule

Pädagogisches Handeln im Hinblick auf die aggressiven Impulse der Schüler

Das Problem des aufsässigen Schülers hat die Lehrer immer schon beschäftigt; denn Unterricht ist nicht möglich, wenn er durch Aggressivität gestört wird. Früher wurde gegen die Schüleraggression ein einfaches Mittel angewandt: die Gegenaggression. Der Lehrer war mächtiger und konnte die Auflehnung der Schüler niederschlagen – auch im wörtlichen Sinn. – Das Problem besteht also nicht nur darin, daß aggressives Verhalten der Schüler häufiger geworden ist; sondern auch darin, daß die Mittel einer unterdrückenden Unterrichtsführung innerhalb unserer demokratischen Gesellschaft nicht mehr angemessen sind. So können Lehrer und Schüler nicht mehr umhin, sich mit aggressivem Verhalten auseinanderzusetzen.

9.1. Zum Problem der Aggression

Mit Aggression meinen wir ein feindseliges Verhalten des Menschen. Dieses Verhalten zeigt sich vor allem im Angreifen und Zerstören, aber auch in feindseligen Einstellungen gegenüber den Mitmenschen. Allerdings ist es nicht so, daß Aggression an sich schon »böse« sein muß; wir werden dies in den folgenden Überlegungen sehen.

9.1.1. Aggression als spontane Erscheinung

Die Aggressionsforscher fragen sich, ob Aggression umweltbedingt oder im Menschen angelegt sei. Eine endgültige Antwort liegt nicht vor. Es sieht so aus, als träfe beides zu.

Konrad Lorenz schreibt, »daß Aggressivität an sich ein ebenso lebenswichtiger und ebenso unabhängiger Antrieb tierischen und menschlichen Verhaltens sei wie Hunger, Furcht und Sexualität« (in *Hacker* 1971, S. 11). Auch *Mitscherlich* teilt die Auffassung nicht, daß der Mensch von Natur aus friedfertig sei: »Man muß annehmen, in vielen von uns bestünde unbewußt bleibend ein hohes Maß von Destruktionsbereitschaft und insbesondere von Neigung zur Selbstdestruktion, die weck- und reizbar sind. Sonst würde nicht erst das Ansinnen, am Kriegführen sich zu beteiligen, sondern schon die Verpflichtung, sich zum Kriegführen abrichten zu lassen, auf mehr Widerstand stoßen. Unsere Moral lehrt uns, nicht zu töten – auch nicht uns selbst –, offenbar gegen einen uneingestandenen Hang, gerade dies zu tun. Das ist der Ansatzpunkt der Verführbarkeit zum Krieg als Handwerk.« (1969)

Um sich gegen die Annahme zu wenden, Aggression entstünde lediglich durch äußere Behinderung und sei nicht angeboren, verweist man auf die fehlgeschlagenen amerikanischen Versuche: Man wollte Kinder ohne jeden Zwang erziehen; das Ergebnis waren unerträglich aggressive Kinder. – »Wahrscheinlich gibt es angeborene, quantitativ verschiedene Aggressionsneigungen. Entscheidend ist jedoch, daß man nicht aggressiv ist, sondern aggressiv wird. Ebensowenig wie Begabung entsteht Aggression nicht im leeren Raum, sondern in Beziehung zur Umwelt. Jede tatsächliche Aggression ist sozial gelernt, eben weil sie als biologische Disposition universell vorhanden ist.« (*Hacker* 1971, S. 236)

9.1.2. Aggression als umweltbedingte Erscheinung

Es ist sicher, daß Aggressivität durch die Umwelt hervorgebracht werden kann: Der Mensch reagiert feindselig auf das, was ihm die Umwelt an Enttäuschungen und Leid zufügt. Besonders wenn die gesund-aggressiven Impulse unterdrückt werden, kommt es zu aggressiven Durchbrüchen, zu zerstörerischen Aggressionen. – So führt frühe Einengung der Motorik - etwa durch enge Wohnverhältnisse, durch mangelnden Spiel- und Bewegungsraum, durch unterdrückende Erziehung – zu Aggressionsstauungen. Es kommt zu Wut, Haß und Zerstörungslust, wenn Kinder zu wenig Spielraum haben, ihre körperlich-motorischen Bedürfnisse zu leben. Je mehr die gesund-aggressiven kindlichen Regungen des Zupackens, Zuschlagens, des Sich-wehrens, des Selbständig-sein-Wollens unterdrückt werden, um so größer ist die Gefahr, daß die Aggression zerstörerisch wird.

Das sehen wir schon bei oberflächlichen Beobachtungen in der Schule: In Klassen, die sehr unter Druck gesetzt werden, bei denen Stillsitzen und Gehorchen oberstes Gebot sind, die bei Schulschluß noch paarweise bis zum Ausgang geführt werden, kann man beim Verlassen des Schulhauses geradezu eine Explosion feststellen: Die Schüler fallen viel aggressiver übereinander her und schreien viel überschießender, als dies bei Klassen der Fall ist, die lockerer geführt werden. – Ähnlich ist es, wenn ein Lehrer das Zimmer verläßt: Klassen, in denen es sonst absolut still hergeht, brechen in solch einer Situation viel heftiger aus als solche, bei denen immer Arbeitslärm zu hören und verhältnismäßig große Bewegungsfreiheit im Zimmer zu beobachten ist.

Aggressivität ist aber nicht nur auf starke Einengung zurückzuführen; sie kann ebenso aus einer gegenteiligen Erzieherhaltung entstehen. Wenn Eltern aus Schwäche oder Gleichgültigkeit heraus alles gewähren, kann das Kind zum Tyrann der Familie werden. Durch das Fehlen von Führung und grenzensetzendem Halt wird es orientierungslos. Es handelt sich dabei oft um Eltern, »die sich der überrollenden Initiative des Kindes hilflos ausgeliefert fühlen und keinen Halt (im Doppelsinn des Wortes) vermitteln können, wodurch das ungesteuerte Kind einerseits zum Tyrannen wird, sich aber doch ›haltlos‹ fühlt«. (*Elhardt* 1971, S. 83) Solche Kinder üben auf diese Weise ein Verhalten ein, das es ihnen später erschwert, sich in Spiel- und Lerngruppen einzuordnen. Eltern, deren Verhalten das Kind dazu bringt, sie und die Umwelt zu tyrannisieren, finden wir auch unter jenen, die um jeden Preis »antiautoritär« erziehen wollen. Sie haben nicht den Mut, für das Kind Autorität zu sein, und verweigern ihm damit ein wichtiges Stück Sicherheit. So können sehr gewährende und verwöhnende Eltern in ihren Kindern ebenso Aggressivität auslösen wie stark unterdrückende und einengende.

9.1.3. Gesunde und neurotische Aggression

Wir können die Aggression in drei Gruppen einteilen – (nach *Elhardt* 1969, S. 30):

- die aktiv-spontane Aggression ohne Feindseligkeit
- die re-aktive verteidigende Aggression mit Feindseligkeitsanteilen
- die zerstörerische Aggression mit Feindseligkeit

Bei der aktiv-spontanen Aggression haben wir es mit einer gesunden Aggression zu tun. Sie äußert sich im »Herangehen« an das Objekt mit Neugier und Unternehmungslust, im Tätigkeitsdrang. Bei der gesunden Aggression handelt es sich um eine Aktivität mit Liebe zum Objekt, nicht mit Feindseligkeit. Der »Angriff« wird zur sachgerechten Bemeisterung. Gesunde Aggression enthält also aufbauende Aktivität. – Um solch gesunde Aggressionen handelt es sich bei »Aggressionen, die zum Habenwollen, Besitz-verteidigen, zur motorischen Selbstbehauptung und Durchsetzungsfähigkeit und – als notwendige Beimischung – auch zum Lieben gehören. Sie differenzieren sich im Laufe einer gesunden Entwicklung bis in die geistigen Bereiche hinein und führen zu Selbständigkeit und Würde, zu Freiheit und Individualität. Hierzu gehören – phasenspezifisch und situationsgerecht – auch defensive und destruktive Aggressionsmöglichkeiten.« (*Elhardt* 1969, S. 46)

Die re-aktive defensive Aggression wird von außen ausgelöst. Das Kind fühlt sich bedroht, behindert oder überfordert; es wird angegriffen, geschädigt, eingeengt. In einer solchen Situation muß es sich aggressiv wehren oder – wenn die Bedrohung oder Einengung ausweglos erscheint – die aggressive Flucht nach vorn ergreifen. – »Ein immantenes Ziel der Aggression ist es wohl auch, das Kind aus dem regressiven Nestsog zur Mutter herauszuführen. Wer angreifen, sich wehren, sich durchsetzen kann und zunehmend mächtiger in der Umwelthandhabung wird, erst der kann Schritt für Schritt auf die rückwendende Flucht zur Mutter verzichten und der Gefahr entgehen, ein Muttersöhnchen zu werden.« (*Elhardt* 1971, S. 82)

Bei der zerstörerischen feindseligen Aggression handelt es sich um die eigentlich krankhafte, also neurotische Aggression. »Aktuell aufwallende oder chronische, ›auf Eis gelegte‹ Rache in aktiver und passiver Form, Demütigen, Quälen und Erniedrigen bis hin zum ›kalten‹ Töten zeigen eine destruktive Lust als Selbstzweck, die nicht eigenen Lebensraum gewinnen will durch Gegenangriff . . . sondern deren Lust auf der Rache oder auf der Wirksamkeit eigenen Hasses ›über etwas noch Hilfloseres, als man selbst ist‹, beruht . . .« Beobachtungen lassen vermuten, »daß diese Aggressionsform trotz ihres oberflächlich sehr aktiven und scheinbar spontanen Charakters letztlich reaktiv ist, Folge schwerer, wenn auch lang zurückliegender Versagungen, Kränkungen und Einschränkungen eigener Fähigkeiten.« (*Elhardt* 1969, S. 32)

Für den Erzieher ist an diesen Überlegungen wichtig, daß

nicht jede Aggression mit böswilliger Aggressivität gleichzusetzen ist. Er soll ein Gespür dafür entwickeln, gesunde von neurotischer Aggression zu unterscheiden. Aggressionsäußerungen gehören zur gesunden Entwicklung des Menschen. Sie führen dazu, daß er selbständig wird, sich in der Gruppe behauptet und sich einordnen kann. Gerade in der Schule wird oft nicht zwischen selbständig-kritischer Einordnung in die Lerngruppe, zu der die gesunde Aggression gehört, und der neurotischen Anpassung als Ergebnis von Aggressionsunterdrückung unterschieden.

9.1.4. Die Aggression in der Schule

Aggressivität von Schülern macht heute oft Schlagzeilen: »Schüler verprügelt Lehrer« – »Lehrer mit der Pistole bedroht« – »Gymnasiast sticht Lehrer nieder« und ähnliches kann man in Zeitungen und Illustrierten lesen. – Zwar werden diese Sensationsmeldungen voll Entrüstung berichtet, aber es ist unverkennbar, daß in solcher Berichterstattung etwas Genüßliches mitschwingt: Wie viele hätten nicht gern einmal einen ihrer Lehrer verprügelt! – Den Klagen manchen Lehrers und den Berichten von Boulevard-Blättern nach könnte man den Eindruck gewinnen, die Schulen säßen voll von brutalen Schlägern. Im Schulalltag jedoch spielen Brutalitäten ihrer Zahl nach eine geringe Rolle. Den Lehrer beschäftigen viel mehr Aggressivitäten dieser Art: Aufsässigkeit, Frechheit, fortwährender Widerspruch, Verweigerung von Mitarbeit, ständiges gezieltes Stören des Unterrichts, Beschimpfungen des Lehrers, geschlossene Feindseligkeit einer Klasse und der gleichen mehr. Es handelt sich also um Aggressionen, die das gemeinsame Lernen stören.

Wir müssen für die folgenden pädagogischen Überlegungen vorausschicken, daß es Aggressionsäußerungen von Schülern gibt, die Ausdruck einer schweren psychischen Störung sind. In diesen Fällen sind pädagogische Mittel des Lehrers begrenzt, manchmal wirkungslos. Bei solchen Schülern können nur psychagogische oder psychotherapeutische Maßnahmen helfen. Daß allerdings auch bei schwierigen Fällen die nachfolgenden Vorschläge mildernd wirken können, ist keine Frage; denn diese Vorschläge gehen davon aus, daß ein Lehrer nicht nur Unterrichter, sondern auch Sozialerzieher sein muß. Er muß dies sein, weil sich schulisches Lernen in Gruppen vollzieht. Aber nur eine sozialerzieherisch richtig geführte Gruppe ist intakt und kann erfolgreich lernen.

9.2. Pädagogisches Handeln im Hinblick auf die Aggression der Schüler

Der Lehrer fragt sich: Wie kann ich feindselig-zerstörerische Aggression verhindern? Er muß aber auch danach fragen, in welcher Weise er die gesund-aggressiven Impulse fördern und für die Schüler fruchtbar machen kann. Wie bei jedem erzieherischen Problem geht es darum, nach den Ursachen eines störenden Verhaltens zu forschen und das Zusammenleben so zu gestalten, daß feindselig-zerstörische Aggression wenig Nährboden findet. Gleichzeitig aber überlegt sich der Lehrer, was er in der jeweiligen Situation tun kann, in der er sich der Aggressivität von Schülern gegenübergestellt sieht.

Unter diesen drei Gesichtspunkten sollen die folgenden Überlegungen und Vorschläge gesehen werden: Wie kann ich ein Lernklima schaffen, das Feindseligkeit und Zerstörungswut weitgehend ausschließt? – Auf welche Weise kann ich die gesund-aggressiven Impulse fördern? – Was mache ich, wenn sich die Schüler mir gegenüber aggressiv verhalten? – Die schulpraktischen Beispiele sollen pädagogische Handlungsmöglichkeiten aufzeigen.

9.2.1. Persönliche Kontakte zu den Schülern knüpfen

Der Satz »Bekanntschaft ist der Feind der Feindschaft« drückt eine Erfahrung aus, die jeder Mensch machen kann. Persönliche Bekanntschaft vermindert die Neigung, aggressiv zu sein. Je mehr wir den anderen kennen, um so schwerer fällt es uns, ihm feindselig zu begegnen. Umgekehrt muß die Anonymität, in der sich Schüler und Lehrer oft befinden, aggressionsauslösende Wirkungen haben. – So ist einzusehen, daß ein Lehrer, der mit seinen Schülern bei vielen Gelegenheiten persönlichen Kontakt aufnimmt, mit weniger Aggression zu rechnen hat als einer, dem die Schüler gleichgültig sind. Der aggressive Schüler, mit dem der Lehrer eben partnerschaftlich gesprochen oder gearbeitet hat, wird diesen kaum in der darauffolgenden Stunde angreifen.

Es ist auf vielerlei Weise möglich, persönliche Kontakte mit den Schülern zu knüpfen. An einem kleinen Beispiel aus dem schulischen Alltag möchte ich aufzeigen, wie dies aussehen kann. Das Beispiel geht von einer Einrichtung aus, die zunächst nur die Grund- und Hauptschulen betrifft: der sogenannten Vorviertelstunde. Es besteht jedoch kaum ein ernsthaftes Hindernis, auch in weiterführenden Schulen so oder ähnlich zu verfahren.

Die Frage, wie man einen Schultag beginnt – noch ehe das Stundenzeichen ertönt –, mag nebensächlich erscheinen. Und doch kann in den fünfzehn Minuten zwischen dem Eintreffen der Schüler und dem Beginn des Unterrichts Entscheidendes geschehen. Entscheidend jedenfalls, was die Beziehung zwischen Lehrer und Schüler betrifft.

Der Lehrer wird mit seiner Klasse besprechen, wie die Zeit vor Unterrichtsbeginn ablaufen kann, zum Beispiel die morgendliche Begrüßung. – Man kann immer noch beobachten, wie in Schulklassen ein gemeinsames »Guten Morgen, Herr ...« gebrüllt oder der Klasse andressiert wird, beim Erscheinen der Lehrperson aufzustehen. Allerdings sterben diese gehaltlosen Dressate mehr und mehr aus. Aber ist die Frage der morgendlichen Begegnung schon damit gelöst, daß Lehrer und Schüler *nichts* tun? Die Überlegungen, die der Lehrer hierüber mit seiner Klasse anstellt, werden überall anders ausfallen; sie sind auch abhängig von der Jahrgangsstufe. So gibt es Schüler, die erpicht darauf sind, dem Lehrer die Hand zu reichen, andere wollen nur so im Vorbeigehen grüßen – oder noch gar nichts vom Lehrer wissen. Entscheidend ist, daß der Lehrer die Möglichkeit der persönlichen Kontaktnahme anbietet. Dazu muß er allerdings an sich selbst etwas verändern. Er kann nicht nur flüchtig von einer Schreibarbeit aufsehen, wenn ihn ein Kind begrüßen will. Er darf nicht gleichgültig die linke Hand hinstrecken, während er weiter an der Tafel schreibt. Am besten ist es, sich die Viertelstunde vor Schulbeginn ganz frei zu halten und sich aufmerksam den hereinkommenden Kindern zu widmen: einfach da sein für die Schüler, die mit dem Lehrer sprechen wollen. Oft bildet sich ein Grüppchen, das über die gestrige Fernsehsendung, ein Fußballspiel, ein besonderes Ereignis am Ort, einen sensationellen Zeitungsbericht, einen Vorfall in der Schule diskutiert.

Daß der Unterrichtsbeginn nach solch persönlichen Begegnungen geglückter verläuft, ist keine Frage. Der Lehrer hat bis acht Uhr bereits Fäden gesponnen, die ihn nun mit den Schülern verbinden. Wenn ich mich eben freundschaftlich mit jemandem unterhalten habe, vermeide ich, ihn fünf Minuten später zu kränken oder zu ärgern: Ich bin aufmerksamer gegen ihn als gegen jemand, der mir nichts bedeutet. Dies empfinden Kinder und Lehrer in gleicher Weise.

Lehrer, die versuchen, mit den Kindern persönlich in Kontakt zu kommen, entdecken etwas, das nicht ohne Wirkung auf sie bleibt: das »andere Gesicht« ihrer Schüler. Es ist in der Tat so: wenn wir den Schülern unmittelbar gegenüberstehen und sie anschauen, sehen wir plötzlich ein ganz anderes Gesicht als das übliche »Schulgesicht« in der Masse der dreißig. Und dieses »andere Gesicht« erschließt uns einen anderen Menschen, dem wir aufmerksamer und gerechter begegnen können.

Der Schüler gewinnt durch die zwangslose Begegnung eine Möglichkeit, das in der Phantasie oft vorgefaßte Lehrerbild zu korrigieren. Er kann erfahren, daß der Lehrer nicht der ›Übermensch‹ ist, für den er ihn gehalten, oder der ›Unmensch‹, den er in ihm befürchtet hat. Er erfährt, daß der Lehrer ein Partner sein möchte, mit dem man reden kann. So können Beziehungen angebahnt, richtiggestellt, verbessert werden. Die Vorviertelstunde ermöglicht dem Lehrer, auch mit solchen Kindern in persönlichen Kontakt zu kommen, die ihm »nicht liegen«. Die manchmal gemachte feierliche Aussage, ein Lehrer möge alle Kinder gleich gern, ist eine sichere Grundlage für ungerechte Behandlung. Es ist unmöglich, allen Schülern die gleichen Sympathien entgegenzubringen. Ein Erzieher, der das sieht, wird den Kindern gerechter begegnen als jener, der diese Tatsache leugnet. – Gerade den uns unsympathischen Schülern gegenüber können wir unsere Einstellung am ehesten durch Kontakt und persönliche Auseinandersetzung verändern.

Der Sinn dieser hier empfohlenen Kontaktaufnahme liegt nicht in einer beabsichtigten »erzieherischen Beeinflussung« des Schülers oder darin, mit ihm über seine persönlichen Probleme zu sprechen; sondern gerade darin, ihm ein Bezugsklima anzubieten, das frei ist von Forderung und Beeinflussung. – So hat der Lehrer bei solch lockeren Unterhaltungen auch die Möglichkeit, mit den Leitpersonen der Klasse ins Gespräch zu kommen – jenen, die das Klassenklima entscheidend mitbestimmen und starken Einfluß auf die Mitschüler haben. Er gewinnt damit die Chance, selbst besser zu verstehen und besser verstanden zu werden. – Freilich muß zu einer persönlichen Kontaktaufnahme mit den Schülern der Lehrer erst einmal *da* sein.

Die Vorviertelstunde – oder überhaupt die Zeit vor Beginn des Unterrichts – zu persönlichen Begegnungen mit den Schülern zu nützen, das gilt in gleicher Weise – und eigentlich ganz besonders – für die Fachlehrer. Sie kennen die Schüler sehr wenig und hätten durch das Gespräch vor oder nach dem Unterricht eine Gelegenheit, die gegenseitigen Beziehungen zu verbessern. – Und wenn eine Lehrerin zum Beispiel sagt: »Für mich wäre es untragbar, den Schülern die Hand zu geben!«, dann muß man sich fragen, ob sie den richtigen Beruf gewählt hat und ob man sie ihn ausüben lassen soll.

Wir sind davon ausgegangen, daß Bekanntschaft ein Feind der Feindschaft ist. Wenn dem Lehrer daran liegt, das gemeinsame Lernen und das Zusammenleben in der Schule nicht durch feindselige Aggression stören zu lassen, dann muß er sich überlegen, wie er die Beziehungslosigkeit zwischen sich und den Schülern aufheben kann.

9.2.2. Die Aggression der Schüler nicht unterdrücken, sondern durcharbeiten

Da durch Feindseligkeit gemeinsames Lernen gestört wird, versucht der Lehrer aggressive Situationen zu umgehen, zu beseitigen oder zu unterdrücken. So wird jedoch eine nur oberflächliche Ordnung bewahrt, die fortwährend den Keim für Aggressivität in sich trägt. Machen wir uns dies an einem Beispiel klar.

Eine Fachlehrerin für Maschinenschreiben berichtet aus einer 9. Klasse Hauptschule folgenden Vorfall:
Die Schülerinnen und Schüler erscheinen zwar zum Nachmittagsunterricht, verweigern jedoch jede Mitarbeit. Auf meine Frage nach der Ursache ihres Verhaltens erklären sie mir: »Wir streiken, weil es zum Arbeiten heute zu warm ist!« – Die Temperatur an diesem Tage ist erträglich. Ich fordere die Klasse mehrmals auf, mit der Arbeit zu beginnen, und verständige die Schulleitung. Auch das Eingreifen des Schulleiters bleibt ohne Erfolg. Die Schüler sitzen ihre Unterrichtszeit ab und reagieren überhaupt nicht.

In einer Sendereihe des Bayerischen Rundfunks wurden Lehrer, Erziehungswissenschaftler, Psychologen und Soziologen gebeten, sich zu diesem Vorfall unter der Fragestellung »Was tue ich, wenn Schüler streiken« zu äußern. Hier meine Stellungnahme:

In dieser Situation sollte man die Klasse auf keinen Fall »auffordern, mit der Arbeit zu beginnen«, wie die Lehrerin es tat. Denn jetzt ist es nicht Aufgabe, im Pensum fortzufahren, sondern einen Konflikt in der Gruppe zu bearbeiten; in der Gruppe, zu der die Lehrerin ja gehört. – Sie hätte versuchen können, mit den Schülern ein Gespräch zu beginnen, etwa: »Daß ihr nicht streikt, weil es heute zu warm ist, wißt ihr so gut wie ich. Also schauen wir uns an, worum es euch wirklich geht.« Oder: »Arbeiter streiken nicht, weil es ihnen zu warm ist oder weil sie nichts tun möchten; sie wollen mehr Geld oder bessere Arbeitsbedingungen; sie zeigen ihre Unzufriedenheit. Ich meine, wir lassen das Maschinenschreiben heute und setzen uns mit der Unzufriedenheit auseinander.«

Das Überraschende, von den Schülern nicht Erwartete, kann die Situation wenden. Sie sind auf eine andere Reaktion gefaßt, als daß die Lehrerin sagt: »Gut, darüber reden wir; denn ohne euch kann ich natürlich schlecht unterrichten!« – Die Lehrerin aber ist hereingefallen auf die Herausforderung der Schüler: die Herausforderung zu beherrschendem, unterdrückendem Lehrerverhalten. Genau das haben die Schüler erwartet: eine Lehrerin, die versucht, ihre Macht auszuspielen, eine Macht, die sie gar nicht hat; denn ein Kampf mit dreißig fünfzehn- bis sechzehnjährigen Schülern ist für sie kaum zu gewinnen.

Daß der Lehrerin pädagogische Mittel fehlten und sie nur daran dachte, den Konflikt zu unterdrücken, zeigt das Verständigen des Schulleiters: Ein noch Mächtigerer sollte eingreifen. Beachten wir die so selbstverständlich getroffene Wortwahl: die Schüler »auffordern«, der Schulleiter soll »eingreifen«: Aus dem Wortschatz partnerschaftlichen Erziehungsverhaltens stammen diese Ausdrücke nicht.

Natürlich spielt beim vorliegenden Fall das Problem des Fachlehrers mit herein; er wurde vielfach – wie auch Gymnasiallehrer – pädagogisch-psychologisch unzureichend ausgebildet. Fachlehrer wissen oft kaum die Namen ihrer Schüler, geschweige denn irgend etwas mehr von ihnen als die Ziffern, die sie ins Notenbuch eintragen. – Es wäre daher zu überlegen, ob nicht auch Fachlehrer alles tun sollten, um in persönlichen Kontakt mit der Klasse und mit einzelnen Schülern zu kommen. – Und der Stoff? rufen da viele Stoff-Fanatiker. Als ob ihr »Stoff« nicht vor allem die Schüler wären. – Und wo die »Zeit hernehmen«? heißt es dann. – Im vorliegenden Fall hatte die Lehrerin eine Stunde Zeit, um die Schüler nichts tun zu lassen. Und bei dem Widerstand, den die Klasse hier gezeigt hat, kann man sich denken, wie groß auch sonst der Lernwiderstand ist – und wie verhältnismäßig gering daher der Unterrichtserfolg sein muß. Allein in dieser Stunde hat die Lehrerin 45 Minuten »verloren«. Sie wären nicht verloren gewesen, wenn sie die Jugendlichen und die Probleme der Klasse wichtiger genommen hätte als Maschineschreiben. Die Schüler hätten dann in gemeinsamer Auseinandersetzung erfahren können, wie man versucht, einen Konflikt zu lösen: durch gemeinsames Gespräch, durch Besinnung auf eigenes Verhalten, durch Sich-Hineindenken in den anderen, durch Erarbeiten einer Übereinkunft zwischen den Widersachern.

Kurz: Für den demokratischen Lehrer ist solch eine Situation geradezu eine »Sternstunde«. Er kann etwas erreichen, was die Wirkung von einem Dutzend Soziallehrestunden aufwiegt, wenn er diese Situation partnerschaftlich handhabt, wenn er also die Schüler erfahren läßt, wie man miteinander zurechtkommt, ohne den anderen gewaltsam zu unterdrücken. Aber was hat diese 9. Klasse gelernt? Sie hat gelernt, daß Lehrer Gruppenprobleme mit Machtmitteln lösen. Also können auch die Schüler nichts anderes, als sich der Machtmittel zu bedienen.

In der beschriebenen Konfliktsituation ist es wichtig, sich als Lehrer in die Lerngruppe Klasse mit einzubeziehen. Nicht: »Was fällt euch überhaupt ein?« oder »Was ist mit euch los?« – sondern: »Wir sollten überlegen, wie es dazu kam, daß ihr nicht arbeiten wollt; das hat ja auch mit mir etwas zu tun.« Oder: »Da stimmt also etwas nicht in unserer Klasse; das sollten wir gemeinsam angehen.«

Die Lehrerin täte sich leichter, wenn sie etwas von den Gruppierungen innerhalb der Klasse wüßte. Sie könnte dann versuchen, mit jenen Schülern unmittelbar ins Gespräch zu kommen, die von den anderen als Leitperson anerkannt werden. Diese Klasse verhält sich sehr gruppenbewußt. Und das könnten wir ansprechen: »Ich finde es richtig, daß ihr so zusammenhaltet; es muß sich um ein wichtiges Problem handeln, mit dem wir uns jetzt auseinandersetzen sollten.«

Um genauer auf die Problematik von Lehrerin und streikender Klasse eingehen zu können, müßten wir mehr über die Umstände wissen. Wichtige Fragen, die sich die Lehrerin in dieser Situation zu stellen hat, sind: Weshalb streiken die Schüler gerade bei *mir?* – Weshalb streikt *diese* Klasse bei mir? und Weshalb streikt sie gerade *heute?*

Auf die Frage »Was tue ich, wenn die Schüler streiken?« könnten wir einfach antworten: Es gilt, jetzt und hier den Konflikt aufzudecken und sich mit ihm auseinanderzusetzen. Die Lehrerin hat das Gegenteil versucht: Sie wollte den Konflikt mit Machtmitteln zudecken. Die pädagogische Aufgabe hätte genau da begonnen, wo das Problem mit »Auffordern« und »Eingreifen« allzu einfach abgewürgt werden sollte.

9.2.3. Den aggressiven Schüler zu akzeptieren versuchen und in die Lerngruppe einbeziehen

Es mag vom Lehrer als Zumutung empfunden werden, gerade den Schüler zu akzeptieren, der sich ihm gegenüber feindselig verhält. Aber wir müssen bedenken: Ein aggressiver Schüler äußert mit seinem Verhalten auch den unbewußten Wunsch, auf sich aufmerksam zu machen, anerkannt zu werden. Für manche Kinder wurde das Aggressiv-sein auf Grund ihrer Lebensgeschichte zum einzigen Mittel, gesehen zu werden; auch wenn die »Zuwendungen«, die der Erwachsene auf kindliche Aggressionen folgen läßt, negativ sind.

Dem Lehrer mag es leichter fallen, den aggressiven Schüler zu akzeptieren, wenn er bedenkt, daß die ihm gegenüber geäußerten Aggressionen in Wirklichkeit oft gar nicht ihm gelten. Es handelt sich dabei um Übertragungshaltungen, wie wir sie in früheren Kapiteln ausführlich kennengelernt haben: um Einstellungen, die der Schüler in seiner Kindheit an Eltern- und Geschwisterfiguren erworben hat und die er nun auf gegenwärtige Bezugspersonen überträgt. So kann die Feindseligkeit gar nicht dem Lehrer gelten, sondern zum Beispiel dem Vater oder der Mutter. Dem Schüler ist es jedoch nicht bewußt, daß er den Lehrer so behandelt, als wäre dies sein Vater.

Den aggressiven Schüler zu akzeptieren versuchen, heißt vor allem: ihn mit seiner positiven Seite gelten lassen. Sei es Fußballspielen oder Kopfrechnen, Werken oder Aufsatzschreiben, Singen oder Erdkunde, Gitarrespielen oder Rechtschreiben;

sei es eine besondere Fähigkeit innerhalb oder außerhalb der Schule: Jeder Schüler hat solche Fähigkeiten – wenn wir sie nur suchen und anerkennen.

Die übliche Höherbewertung bestimmter Unterrichtsfächer erweist einem Teil der Schüler keinen guten Dienst. Mancher, der in der Schule versagte, faßt im Berufsleben sicheren Fuß. Und für Lehrer von Entlaßschülern ist es oft erstaunlich und manchmal blamabel, was aus sogenannten schlechten Schülern geworden ist. Andere Lehrer werden nachdenklich bei solchen Erfahrungen: War es eigentlich notwendig, daß dieser junge Mann, der auf einer Straßenkehrmaschine sitzend eine unerläßliche Aufgabe erfüllt, jahrelang wegen seiner geringeren Intelligenz in der Schulsituation entmutigt wurde? – Was wurde gewonnen dadurch, daß weniger intelligente Kinder einseitig nach ihrer Intelligenz eingestuft wurden? – War es notwendig, den Schüler, dessen geistige Fähigkeiten eben dazu reichten, Tankwart zu werden, in hoffnungslose Konkurrenz mit jenem zu schicken, der einmal Nobelpreisträger werden wird? Was wir diesem dabei vermittelt haben, war eine nicht abreißende Folge von Entmutigungserlebnissen, die ihn in der Entwicklung seiner tatsächlich vorhandenen Fähigkeiten beschränkt.

Den schwachen Schülern wird leicht besondere Aggressivität nachgesagt – sie seien nicht nur dumm und faul, sondern auch noch frech. Der psychologische Zusammenhang wird dabei zu wenig gesehen, dies nämlich, daß aggressives Verhalten eine Reaktion des Schülers sein kann auf Überforderung und fortwährende Mißerfolge. Bei solchen Schülern kann es sich um Jugendliche handeln, die in der Schule nichts mehr zu verlieren haben. Von Lehrern und Mitschülern aufgegeben, bleibt ihnen nur die Resignation oder der aggressive Protest. Wieviel Hilflosigkeit und Verzweiflung in dieser Aggressivität verborgen ist, vermag nur der Lehrer zu erkennen, der danach trachtet, mehr von solchen Schülern zu erfahren als ihre Wissenslücken.

Für aggressive Schüler ist die Aggression oft die einzige Möglichkeit der Kontaktaufnahme. Deshalb sollte der Lehrer alles tun, um eine Isolierung in der Klasse – die der Schüler durch sein Verhalten hervorruft –, wo immer dies möglich ist, zu vermeiden. Je mehr es gelingt, den aggressiven Schüler bei Spiel und Arbeit in die Gruppe einzubeziehen, um so weniger ist er auf das Mittel des negativen Kontakts angewiesen.

9.2.4. Aggressive und motorische Betätigung möglich machen

Aggressivität ist oft Folge davon, daß gesund-aggressive Impulse nicht gelebt werden können. Es kommt dann zu einem Aggressionsstau, der entweder zu zerstörerischen aggressiven Durchbrüchen führt oder zu einer gespannten Haltung ständiger Feindseligkeit. Deshalb gehört zur Bewältigung der Aggression, daß die Schüler aktiv, zupackend-aggressiv, motorisch sein dürfen. Eine Möglichkeit hierzu ist der Sport; im Sport sind auch aggressive Spiele – zum Beispiel Fußball – wichtig. Boxhandschuhe sollten in keiner Turnausstattung fehlen; so können grobe Aggressionen in ein sportliches Kräftemessen kanalisiert werden. – Beim Gruppensport gewinnt der aggressive Schüler überdies Beziehungen zu seinen Mitschülern und erringt Anerkennung durch die Klasse.

So beschreibt *Hacker* (1971), wie das Boxen auf den Verbrecher Autry eine geradezu therapeutische Wirkung hatte. Autry schrieb das Ende seiner ersten Strafzeit unter anderem der Tatsache zu, daß er Mitglied der Boxmannschaft des Gefängnisses wurde und so einen großen Teil seiner Spannungen und Ängste im Ring abreagieren konnte. Er geriet von da an immer weniger in Raufereien und konnte als gebessert entlassen werden. »In der Anstalt hatte der schmächtige Autry Boxen gelernt. Er beschreibt, wie das, was ihm anfangs zur aggressiven Selbstbehauptung und zum Aggressionsventil diente, später zur sportlichen Betätigung wurde. Jedenfalls verhalf ihm sein boxerisches Geschick, ob dies nun Ausdruck von Aggression, Funktionswandel der Aggression oder Sublimation der Aggression gewesen sein mag, schließlich doch zur Entlassung . . .« (*Hacker* 1971, S. 236).

Da aggressives Verhalten oft mit motorischer Einengung zusammenhängt, sollten wir dem aggressiven Schüler viel Bewegungsaufgaben übertragen: vom Tafelwischen bis zu Botengängen. Jede produktive Aktivität nimmt etwas auf von der destruktiven Aggression.

Im vierten Kapitel ist ausführlich davon die Rede, wie schädigend es sich auf Kinder auswirkt, wenn sie in einem ihrer existentiellen Bedürfnisse, dem Bewegungsdrang, behindert werden. Hier sei nochmals darauf hingewiesen, wie wichtig es ist, den Bewegungsaspekt in der Schule stärker zu berücksichtigen, das heißt: die Bewegungsfeindlichkeit der Schule im Hinblick auf eine psychisch gesündere Lernumwelt des Kindes abzubauen – allerdings nicht mit dem Ziel von Höchstleistungen im Sport. »Würde diese Gesellschaft im doppelten Sinn des Wortes mit gleicher Vehemenz, mit der sie Sportler gleichsam zu Tanzbären der Nation hochzüchtet, für den Schulsport und für den Breitensport agitieren und finanzieren, so wäre dem einzelnen und der Sozietät mehr gedient ... Die Gesundheitsstatistik der Bundesrepublik, vor allem die der jüngeren Generation, ist fast skandalös ... Forcierter Breitensport in seiner vielfältigen Möglichkeit wird in Zukunft so notwendig sein wie der Umweltschutz. Beides gehört zusammen: Die Natur und unsere Umwelt müssen vor der Verkümmerung gerettet werden und der Mensch vor einem Schrumpfdasein, zu dem er von der Arbeitsteiligkeit und von der Automatisierung verdammt wird ... Sport um des eigenen Körpers willen im Sinne freier und ohne Leistungsdruck vollziehbarer persönlicher Entfaltung auch im Wettkampf, im Messen der Kräfte – das wäre eine befreiende Manipulation der Leistungsgesellschaft.« *(Zöller* 1972, S. 358)

9.2.5. Die Schüler Grenzen erleben lassen

Für den aggressiven Schüler ist es hilfreich, wenn seine Bezugspersonen Festigkeit und innere Ordnung ausstrahlen. Aggressive Kinder haben oft keine Grenzen erlebt, an denen sie sich orientieren können. In einer »Gummiwelt« geraten sie in Unsicherheit darüber, wie groß der eigene Handlungsspielraum ist, ohne daß man andere beeinträchtigt. Je unbestimmter die von den Erwachsenen gesteckten Grenzen sind, um so eher kommt es beim Kind zu Übergriffen. – Sicher ist es positiv, daß Eltern und Lehrer nicht mehr autoritär sein wollen. Aber manche Erzieher möchten antiautoritär sein, weil sie nicht wagen, Autorität zu sein. Und manche Erzieher sind autoritär, weil sie nicht Autorität sind. – Zu viel Gewährenlassen wird von den Jugendlichen als Richtungslosigkeit empfunden. Die Kinder spüren, daß die Erwachsenen unsicher sind, und fühlen sich verwirrt und alleingelassen.

Das Erlebenlassen von Grenzen in Familie und Schule ist auch deshalb wichtig, damit sich der Schüler gegen die Erwachsenen wenden kann. Er muß sich von diesen absetzen und sich gegen hergebrachte Verhaltensmuster auflehnen, um selbst erwachsen zu werden. Dazu schreibt *Hacker* (1971, S. 209): »Schon von früh auf bedarf das Kind des Widerstandes, der ›Objekte‹, die sich ihm widersetzen, der Grenzen, an die das Kind sich halten, die es aber auch erproben und gelegentlich überschreiten kann. Das ständige Abtasten dieser von liebevollen Erwachsenen gezogenen Grenzen und das gar nicht gefahrlose Experimentieren mit deren Überschreitung ist in Spiel und Ernst die Vorbereitung für spätere Aufgaben und dient dem Mündigwerden . . . Eltern, die es um jeden Preis vermeiden wollen, ihre Kinder physisch oder auch sonstwie nur im geringsten zu verletzen, behüten sie vor der Erkenntnis und Zurkenntnisnahme der wirklichen Machtverhältnisse und erwecken in ihnen Erwartungsvorstellungen, die keine Realität später befriedigen kann. Diese Eltern verleugnen auch ihre eigenen Gefühle und Impulse, damit um Gottes Willen das geschonte Kind nicht zu Schaden komme. Indem sie ihre Kinder mit Geld, Geschenken und Privilegien bestechen und ihre eigenen, manchmal berechtigten Gefühle des Ärgers und der Enttäuschung, vor allem aber jede offene Aggression vor den Kindern verbergen, machen sie sich der doppelten Heuchelei schuldig . . . Diese Kinder, die sich an nichts Feststehendes und Festgefügtes halten und daher gegen nichts rebellieren können, sind psychisch vernachlässigt und anders, aber ebenso gründlich lädiert wie die geprügelten Kinder, die wenigstens in der Strafe noch einen Interesse- und Liebesbeweis erblicken können.«

In der Schule haben Schüler und Lehrer von vornherein einen festen Beziehungsrahmen: die Aufgabe des gemeinsamen Lernens. Allerdings darf der Lehrer diese gemeinsame Aufgabe nicht dazu mißbrauchen, Schüler zu unterdrücken. Es soll vielmehr so sein, daß Grenzen mehr und mehr nicht einfach vom Lehrer gesetzt, sondern gemeinsam vereinbart werden; aber wir kommen ohne sie nicht aus. – Selbst *A. S. Neill* weist darauf hin, daß Freiheit nicht gleichbedeutend mit Zügellosigkeit sei. Beide Seiten müßten Achtung voreinander haben. Der Lehrer soll das Kind nicht zwingen und unterdrücken. Aber ebensowenig darf der Schüler auf den Lehrer Zwang ausüben und ihn unter Druck setzen. Daß der Schüler ein Kind ist, berechtigt ihn nicht dazu, den Erwachsenen zu tyrannisieren – das ist die andere Seite der nichtautoritären Erziehung.

9.2.6. Die Aggression der Schüler ernst nehmen

Der Lehrer sollte nicht so tun, als berühre es ihn nicht, wenn ein Schüler feindselig, wütend, frech ist. Für den Schüler bedeutet es ein Ohnmachtserlebnis, wenn der Lehrer über seinen Angriff überlegen lächelt oder ihn gar nicht wahrnimmt, oder ihn ironisiert. Solch ein Ohnmachtserlebnis muß die Aggressivität steigern oder zur Resignation führen. Der Schüler soll merken, daß sich der Lehrer auf einen Kampf einstellt, aber dieser Kampf darf für ihn nicht lebensbedrohlich sein. Indem sich der Lehrer der Aggression entgegenstellt, begegnet dem Kind eine Wirklichkeit, in der ein Angriff abgewehrt wird.

»Wenn die Aggressionen des Kindes auf eine Außenwelt stoßen, die verzeiht, irgendwie ›versteht‹ und vor lauter Verstehenmüssen alles natürliche Benehmen verloren hat, lernt das Kind nicht, seine Aggressionen dem Widerstand anzupassen. Es hat dann auch keinen Motor, sie in der Außenwelt zu verwenden, die ganz gut Aggressionslust verwerten kann, z. B. für einen Kampf mit wirklichen Gegnern oder mit einer schwer bewältigbaren Materie. Anderseits wirkt die Erfahrung, daß die Erzieher nie selbst aggressiv werden, im Sinne von Aggressionsverboten. Das Kind fühlt, daß etwas an seinen Aggressionen verurteilenswert ist, wenn die bewunderten Erwachsenen nie aggressiv werden. Es ahnt auch, daß sie aggressiv werden müßten . . .« (*Bornstein-Windholz* in *Bittner/Rehm* 1964, S. 84)

Der Schüler soll erleben, daß er durch seine Aggression den Lehrer beeindruckt, daß er nicht ins Leere stößt. Und er soll sehen, daß sich der Lehrer wehrt, ohne gleich mit einer vernichtenden Gegenaggression zu antworten. Indem sich der Lehrer wehrt, erfährt der Schüler, daß man sich und wie man sich wehren kann. Durch das Verhalten des Lehrers können die Schüler erfahren, daß Aggressionen im menschlichen Zusammenleben unumgänglich sind, aber daß sie nicht gleichbedeutend mit Gewaltanwendung sein müssen. Wenn Konflikte in der Schulklasse nicht einfach beiseite geschoben oder unterdrückt, sondern aufgegriffen und gemeinsam bearbeitet werden, dann hat es der aggressive Schüler leichter, sein Verhalten zu ändern.

9.2.7. Die Lehreraggressionen kontrollieren

Feindselig-aggressives Verhalten ist sozial gelernt wie jedes Verhalten. Schüler lernen viel durch das Modellverhalten der

Erwachsenen. Ein fortwährend aggressiver, unterdrückender Lehrer wird weniger das erreichen, was er mit seinem beherrschenden Verhalten anstrebt; es besteht vielmehr die Gefahr, daß die Schüler vor allem lernen, aggressiv zu sein.

Grobe Aggressionen von Lehrern kommen heute kaum noch vor. Die rohen Aggressionen des Prügelns waren allerdings human, verglichen mit der unter der Maske pädagogischer Notwendigkeit laufenden Aggression mancher Lehrer, zum Beispiel den Prüfungsaggressionen. – Die Prüfungsverfahren werden oft zu Prüfungsschikanen, zu einem Mittel, die Schüler unter Druck zu setzen. Oft ist ein plötzlich – gleichsam aus dem Hinterhalt – gegebenes Extemporale nichts anders als die aggressive Vergeltung für eine aus Langeweile unaufmerksame Klasse. Leistungsprüfungen können zum aggressiven Mittel werden, die Schüler in Schach zu halten. Manche Lehrer stellen keine Fragen, sondern Fallen, in die der Schüler hineintappt – oder die er geschickt umgeht. Man gewinnt bei Extemporalien mit nur wenigen, engbegrenzten und zufällig herausgegriffenen Einzelfragen den Eindruck, daß der Lehrer nicht erfahren will, was die Schüler wissen, sondern was sie *nicht* können und wissen. Deutlicher gesagt: Man gewinnt den Eindruck, daß die Schüler hereingelegt werden. – Diese drücken in ihrer Umgangssprache den aggressiven Anteil des Lehrerverhaltens treffend aus: Der Fünfer oder Sechser wurde ihnen nicht gegeben, sondern »reingehauen«; und wenn sie so weitermachten, würden sie »rausgeschmissen«. – Als geradezu feste Einrichtung gilt in manchen Schulen die Aggression des Straucheln-lassens: Die Hälfte der Schüler bleibt auf der gymnasialen Strecke. Nur 14% der Gymnasiasten erreichen ohne Sitzenbleiben das Ziel.

Anstatt von der viel bemängelten Stoff-Fülle könnte man von Stoff-Aggression sprechen. So kann zum Beispiel im Deutschunterricht durch die Überbetonung der Grammatik dem Schüler die Freude an der Sprache gründlich ausgetrieben werden. Der Spaß am Sprechen, Schreiben, Lesen vergeht ihm, wenn die Grammatik-Aggression über ihn hereinbricht und niemand ihm klarmachen kann, was das alles mit sprachlichem Ausdruck zu tun haben soll. – Der Gedanke einer Stoff-Aggression liegt auch deshalb nahe, weil so viel Überflüssiges (zum Vergessen) gelernt werden muß und so viel Lebenswichtiges nicht gelernt werden darf.

Daß Auslachen und Auslachen-lassen verletzend ist, weiß jeder aus eigener Erfahrung. In der schulischen Wirklichkeit erlebt man gelegentlich, daß Auslachen als »Erziehungsmittel« wirken soll. Dann bekommt das Lachen einen aggressiven, ausstoßenden Charakter: »Wenn man nicht mitlachen kann, fühlt man sich ausgeschlossen, selbst wenn das Gelächter sich ganz und gar nicht gegen einen selbst oder überhaupt gegen irgend etwas richtet. Wo das der Fall ist, wie beim Auslachen, werden der Gehalt an Aggression und gleichzeitig die Analogie zu gewissen Formen des ›Triumphgeschreis‹ deutlich« . . . Das Lachen ist »eine grausame Waffe, die bösen Schaden stiften kann, wenn sie unverdientermaßen einen Wehrlosen trifft; ein Kind auszulachen ist ein Verbrechen.« (*Lorenz* 1966, S. 284, 385)

Diese Beispiele mögen als Hinweis darauf genügen, daß der Lehrer selbst ständig versucht ist, in unangemessener Weise aggressiv zu sein und damit den Schüler die feindselige Aggression zu lehren. Es ist wichtig, daß er immer wieder selbstkritisch sein eigenes Modellverhalten überprüft.

9.2.8. Den Schülern ermöglichen, Lehrer und Schule zu kritisieren

Kritik der Schüler am Lehrer und an der Schule ist zu wenig in das Schulleben eingebaut. Obwohl jeder Lehrer weiß, daß die Schüler kritisieren und unter sich lebhaft über Unterrichtsstil und Lehrperson diskutieren, tun viele so, als könnte ihnen das gleichgültig sein. Kritik der Schüler wird entweder als ungehörig bezeichnet oder – wenn Lehrer sie zulassen – als ungewöhnliche Maßnahme; oder sie wird nur zum Schein zugelassen: Die Schüler sollen sich aussprechen, dann sind sie schon wieder zufrieden. Die Chance der Kritik, den Unterricht und das Zusammenleben in der Schule zu verbessern, wird kaum wahrgenommen. Dabei könnte der Lehrer von seinen Schülern zumindest genauso vieles und Wichtiges erfahren wie bei einem Schulratsbesuch. Denn nur die Schüler können sagen, wie das ankommt, was der Lehrer beabsichtigt. – Kaum jemand bestreitet, daß Jugendliche zu kritischen Staatsbürgern erzogen werden sollen. Aber wenige lassen Schüler Kritik als produktives Verhalten erleben. Sie wird eher als etwas Lästiges abgetan. Dabei könnte in der kritischen Mitsprache der Schüler Aggression in ganz besonderem Maße produktiv werden.

Die praktischen Möglichkeiten sind vielfältig. Schon ein einfaches Aufschreibenlassen von positiven und negativen Punkten zur täglichen Schularbeit bringt dem Lehrer zum Bewußtsein, was die Schüler beschäftigt. Eine unsystematische schriftliche Kritik, bei der die Schüler ungelenkt ihre Meinung sagen sollen, kann Ausgangspunkt gemeinsamer Gespräche werden. Solche Gespräche, bei denen Schüler und Lehrer kritische Punkte diskutieren, sind das eigentliche Ziel der Kritik; in ihnen fragen sich die Beteiligten: Was können wir verbessern?

In Gesprächen und bei namentlicher schriftlicher Kritik werden – jedenfalls am Anfang – nicht alle Schüler wagen, ihre Meinung kundzutun. Dazu müssen sie erst im Laufe der Zeit erfahren, daß ihnen kritische Äußerungen vom Lehrer nicht übel vergolten werden. Aus diesem Grund ist es zweckmäßig, die Schüler von Zeit zu Zeit schriftlich zu befragen und ohne Namensangabe antworten zu lassen; es müssen dabei vorgegebene Antworten angekreuzt werden. Der Nachteil ist, daß nur die vom Lehrer ausgearbeiteten Fragestellungen zum Zuge kommen. Aber wenn eine anonyme Befragung Anstoß zu Gesprächen gibt, spielt dieser Nachteil keine große Rolle. – Wenigstens einige Male im Schuljahr sollte der Lehrer solche Befragungen durchführen; und auch jene, die solchen Maßnahmen abgeneigt sind, sollten sich zwingen, sich dieses »Zeugnis« ausstellen zu lassen.

Alle Lehrer, die ernsthaft die Möglichkeit gegenseitiger Kritik in der Schule versucht haben, kommen zumindest zu dieser Einsicht: Die Distanz zwischen Lehrer und Schüler, das Nicht-Wissen voneinander ist viel größer, als es einer wirkungsvollen Zusammenarbeit dienlich ist. – In diesem Zusammenhang ist zum Beispiel auch zu fragen: Weshalb gibt es Elternsprechstunden – aber keine Schülersprechstunden? Zwischen den Unterrichtsstunden hat der Lehrer wenig Gelegenheit, und der Fachlehrer ganz besonders wenig, um für persönliche Fragen, die der Schüler an ihn zu stellen hätte, da zu sein.

Mit den hier angedeuteten Vorschlägen ist also gemeint: Schüler und Lehrer sollten erfahren, daß Kritik und Widerspruch etwas Konstruktives sein können, wenn wir uns damit gemeinsam auseinandersetzen.

9.2.9. Lernen durch Tätig-sein ermöglichen

Aggressivität in der Schule hängt auch damit zusammen, daß Schüler zu wenig selbsttätig sein können. Immer noch überwiegt die Unterrichtsform, bei der die Schüler gezwungen werden, passiv das dargebotene Lehrerwort aufzunehmen. Immer noch wird erklärt, erläutert, vorgemacht, wo der Schüler viel lieber selbst versuchen und selbst schaffen würde. In vielen Unterrichtsstunden ist der Lehrer einzig Handelnder. Immer noch bestimmen enge Lehrpläne, was der Schüler über sich ergehen lassen muß, anstatt daß man ihn selbst auswählen, selbst Neigungen entfalten, selbst aktiv zugreifen läßt – wie das in neueren Schulversuchen erfolgreich getan wird.

Die den Schülern beim Lernen aufgezwungene Passivität muß zu aggressiven »Übersprungshandlungen« führen, wie wir sie aus der Tierverhaltensforschung kennen: Bei Tieren, die in ihrer Aktivität stark behindert werden, finden sich Auffälligkeiten, die dann wieder verschwinden, wenn die Tiere aktiv sein dürfen. So knabbern eingesperrte Pferde ihre Krippen an oder beißen Holzzäune zusammen. Auf diese Weise reagieren sie ihren angestauten Bewegungsdrang ab. – Wir können vermuten, daß es sich um eine Art »Übersprungbewegung« handelt, wenn Schüler an Schulbänken mit dem Taschenmesser herumschnitzen, die Tische verschmieren, in die Holzplatten etwas einritzen oder auf ihren Stühlen schaukeln. Die dadurch entstehenden Beschädigungen sollten den Lehrer nicht nur veranlassen, zu klagen und den Schüler zu verurteilen; sondern er sollte sich auch fragen, ob diese Erscheinungen nicht etwas mit dem Untätig-sein-müssen der Schüler zusammenhängt, mit langweiligem Unterricht und mit unterdrückendem Führungsstil.

»Arbeit, Sport und menschliche Beziehungen dienen als Aggressionsventil und als Aggressionsausdruck.« (*Hacker* 1971, S. 236) Wenn Schüler aggressiv den Unterricht stören, dann sollten wir überlegen, ob das nicht auch daher kommt, daß sie zu wenig arbeiten dürfen.

10. Gestörtes Lernen durch Prüfungsdruck

Die lernfeindliche Diktatur schulischer Prüfungen

10.1. Prüfungsverfahren als Krankheitserscheinung der Schule

Prüfungsverfahren sind eine hervorstechende Krankheitserscheinung unserer Schule – insbesondere der höheren Schule. Wer genau beobachtet, wie und was in den Schulen geprüft wird, muß schließen: Hier handelt es sich nicht nur darum, festzustellen, was der Schüler leistet. Die Prüfungsverfahren werden oft zu Prüfungsschikanen, zu einem Mittel, die Schüler unter Druck zu setzen. Angstmachen galt immer schon als primitivstes Mittel der Erziehung; für manche Lehrer ist es jedoch immer noch das einzige.

10.1.1. Erklärbares und Nicht-Erklärbares an Prüfungen

Prüfungen sind in der Schule so selbstverständlich, daß kaum jemand an ihrer Notwendigkeit zweifelt. Mit Prüfungen wird festgestellt, ob sich der Schüler den Wissensstoff zutreffend angeeignet hat; sie sollen zeigen, ob er in die nächsthöhere Klasse aufsteigen kann; sie decken dem Lehrer die Lücken auf, die er zu schließen hat; Prüfungen sollen den Leistungswillen anregen und ein Leistungsbewußtsein entwickeln; sie sollen den Schüler befähigen, schwierige Situationen zu überwinden – und dergleichen mehr. – Schule ohne Prüfung: Das ist kaum vorstellbar.

So notwendig und gerechtfertigt Prüfungen zu sein scheinen, es tauchen doch Fragen auf, die uns stutzen lassen: Weshalb werden in Prüfungen Kenntnisse verlangt, die man später nie braucht? Warum gehört es manchmal zum Merkmal von Prüfungen, daß Schüler und Studenten über Dinge befragt werden, die für ihr künftiges Leben bedeutungslos sind? Wieso werden unerläßliche Kenntnisse für einen Beruf oft nicht geprüft?

Prüfungen können nicht nur von der Vernunft her bestimmt sein; sonst müßte es viel mehr Prüfungen geben.

Aber: »Ein 75 Jahre alter Arzt übt . . . durch 50 Jahre seinen Beruf aus, ohne daß sich jemand überzeugt, ob er sein

Wissen behalten hat und ob er die während eines halben Jahrhunderts erzielten Fortschritte seines Faches zugelernt hat . . . Es ist vom Standpunkt der Vernunft eigentlich unverantwortlich, daß dieser Mann nicht zum mindesten alle zehn Jahre geprüft wird . . . Wir sind uns also darüber einig, daß es nicht der Verstand allein gewesen sein konnte, der die Prüfungen geschaffen hat und der uns im reifen Alter die Prüfungen vom Leibe hält« (*Stengel* 1964, S. 168).

Es gibt Lehrer, die nicht geeignet sind, Kinder zu unterrichten. Und doch gibt es für sie keine Prüfung mehr, bei der sie durchfallen könnten. In vielen anderen Berufen ist es ebenso.

10.1.2. Die Pubertätsriten als Prüfung

Um den nicht durch Vernunftgründe erklärbaren Elementen der Prüfung nachzuspüren, betrachten wir eine Urform der Prüfung. Sie begegnet uns in den Pubertätsriten primitiver Völker. Hier mußte sich der junge Mann bestimmten Prüfungen unterziehen, um die Rechte der Männer zu erwerben.

Die Australneger hatten Veranstaltungen, bei denen der zu weihende Jüngling angeblich getötet wurde und dann wieder auferstand. Beim Wonghistamm von Neu-Südwales erschien dem Jungen ein Geist. »Dieses rätselhafte Wesen Thuremlin tötet die Jünglinge, beschneidet sie, bringt sie wieder zum Leben und schlägt ihnen einen Zahn aus.« (*Reik* 1928, S. 84) – Einen besonders grausamen Pubertätsritus fand man bei den Mandanindianern. Sie stießen dem Jüngling ein Messer mit ausgezackter Klinge in Vorder- und Oberarm, Schenkel, Knie, Waden, Brust und Schultern. Durch diese Wunden schoben sie spitze Holzpflöcke. Ein Strick wurde an den Pflöcken der Brust oder der Schultern befestigt. Daran wurde der gemarterte Jüngling vom Dach der Medizinhütte aus in die Höhe gezogen. In der Luft schwebend wurde er so lange um sich selbst gedreht, bis er das Bewußtsein verlor und regungslos dahing.

Worin lag der Sinn dieser Quälereien? – Angeblich sollte der kriegerische Geist des Jünglings geweckt werden. Die Martern wurden als Mut- und Standhaftigkeitsproben erklärt. – *Reik* gab sich mit dieser Erklärung nicht zufrieden: Wir scheuen uns nicht, »diese raffinierten Quälereien als das anzusehen, was sie wirklich sind: als grausame und feindliche Handlungen der Männer gegen die jungen Leute.« (1928, S. 93) – Erschrecken und Einschüchterung gehörten offenbar zu den Hauptzwecken der Weihe. In den Quälereien, die den Jünglingen zugefügt wurden, traten die Haßimpulse klar zutage. Die Väter identifizierten sich mit den quälenden Ungeheuern. Eigentlich waren sie es, welche die dem Ungeheuer zugeschriebenen Regungen gegen die Jünglinge hegten. Was aber waren die versteckten Gründe dafür, daß die Väter ihre Söhne marterten – manchmal bis zum Tode?

Mit den Pubertätsriten sollten zwei Urwünsche der Kindheit eingedämmt werden: die sexuellen Wünsche, die der Knabe auf die Mutter richtete, und die aggressiven gegen den Vater. Wir können nicht annehmen, daß die Väter, die jene Martern über die Jünglinge verfügten, tatsächlich meinten, ein Krieger, dem ein Finger abgehackt wurde, sei wehrhafter. Es war offenbar der verborgene Wunsch der Alten, die Jungen nicht hochkommen zu lassen. Auf eine einfache Formel gebracht, könnten psychologische Hintergründe des Prüfungsgeschehens so formuliert werden: »Die Prüfung ist ein ausgezeichnetes Mittel, die jüngere Generation im Zaume zu halten.« (*Stengel* 1964, S. 183)

10.1.3. Prüfung als Druck- und Disziplinarmittel

So können die täglichen kleinen und großen Prüfungen in der Schule dazu dienen, die Disziplin aufrechtzuerhalten. Ein plötzliches Aufgerufen-werden kann nichts anderes als eine Rache dafür sein, daß ein Schüler nicht aufmerkt – vielleicht, weil der Unterricht zu langweilig ist. Und mit einer schweren Schulaufgabe drohen manche Lehrer dann, wenn es ihnen nicht gelingt, die Schüler für eine Sache zu interessieren. Schließlich kann auch der Benotungsmaßstab verändert werden, je nach dem Grad, in welchem die Klasse nach Meinung des Lehrers einen »Dämpfer« braucht.

Leistungsprüfungen können zum primitiven Mittel werden, die Schüler in Schach zu halten. Dieses Mittel wenden allerdings nur Lehrer an, die zu keiner Partnerschaft mit den Heranwachsenden und der damit verbundenen Auseinandersetzung bereit sind. Lehrer, die an ihrem Fach interessiert sind und die es verstehen, ihre Schüler dafür aufzuschließen, sind dem herkömmlichen Prüfungssystem am stärksten abgeneigt. Die einen versuchen die Prüfungssituationen abzumildern oder zu umgehen. Andere aber müssen den guten Kontakt, den sie zu den Schülern wünschen, teilweise verleugnen. Sie kommen zu dieser Haltung, weil sie Schüler nach Teilaspekten be- und verurteilen müssen, die ihnen durch das Prüfungswesen mit dem dahinterliegenden unpädagogischen Benotungssystem aufgezwungen werden. Im schlimmsten Fall handelt es sich um Lehrer, die nur noch mit dem Notenbuch in der Hand dastehen, die also den Unterricht nicht zur Lernsituation, sondern zur fortwähreden Prüfungssituation machen. Sie sprechen ständig von Klassenarbeiten und drohen damit, streng zu zensieren – und tun das auch; bei ihnen liegt dann der Notenschwerpunkt zwischen 4 und 5. Sie sagen, den Schülern müßte ein »heilsamer Schrekken« eingejagt werden. Aber sie sehen nicht, wie wenig ihr Schrecken heilt, obgleich sie es an Hand der großen Anzahl von Schülern, die auf der gymnasialen Strecke liegenbleiben, eindrucksvoll sehen könnten.

Die Druckmittel der Lehrer, die sich oft stolz als »strenge Lehrer« bezeichnen, sind in der Schulaufgabensituation vielfältig: Sie setzen beim Englisch-Diktat neue Wörter ein, die dem Schüler den Text unverständlich machen; sie nehmen für die Mathematikaufgabe Rechnungen, die wenig mit den geübten Aufgaben gemein haben; sie setzen die Schüler unter Zeitdruck; sie diktieren so schnell, daß die Schüler kaum noch mitdenken können und so fort.

»Der Zeitdruck – der zum Beispiel durch angebröckelte Schulaufgabenstunden zustande kommt – oder Schreck- und Fangwirkungen, die ein verfängliches Thema oder Unfreundlichkeit und Ungeschicklichkeit des Prüfers hervorrufen können, können die ›objektive Leistung‹ des Geprüften so sehr mindern, daß ein verzeichnetes Bild von ihm herauskommt . . .

Ein besonderer Mißstand ist die Manier mancher Prüfer, dem ›Prüfling‹ oder gleich einer Korona von Anwärtern, nur wenige Einzelfragen als ›Testfragen‹ zu stellen, die, wenn getroffen, zum guten Abgang, wenn verfehlt, zur Falltür führen. Zufallsgesteuerte partielle Prüfung ist nie objektiv, weil sie das Objekt gar nicht ganz in den Blick nimmt. Wer keine Chancen erhielt, außer seinen dunklen Ecken auch seine lichten zu zeigen, kann nicht verdammt werden . . . Deshalb kann es zuweilen zu geradezu unmenschlichen Prüfungsresultaten kommen, nur weil das zu prüfende ›Objekt‹ Mensch nicht menschengemäß untersucht wird.« (*Neuhäusler*, 1968)

Manche Lehrer stellen gar keine Fragen, sondern Fallen, in die der Schüler hineintappt – oder die er geschickt umgeht. Man gewinnt bei Extemporalien mit nur wenigen, engbegrenzten und zufällig herausgegriffenen Einzelfragen den Eindruck, daß der Lehrer gar nicht erfahren will, was die Schüler wissen, und daß sie etwas wissen, sondern was sie *nicht* können und wissen. Deutlicher gesagt: man gewinnt den Eindruck, daß die Schüler hereingelegt werden.

Bei jenen Lehrern, bei denen die Prüfungsarbeiten als Mittel dienen, die Schüler unter Druck zu setzen und klein zu halten, fällt auch die Rückgabe der Arbeiten entsprechend aus: Die Klasse wird herabgesetzt wegen ihrer schlechten Arbeit; gelegentlich folgt ein sadistisch anmutendes Zeremoniell, indem die Arbeiten in der Reihenfolge ihrer Qualität zurückgegeben werden, was manchmal fast den Charakter eines Schauprozesses annehmen kann. Nicht selten werden Schüler mit ihren mißglückten Arbeiten bloßgestellt, indem zum Beispiel »Sechserarbeiten« öffentlich vorgelesen werden. Dabei brauchte man kein Universitätsstudium, um zu sehen, daß diese Maßnahme quälerisch ist und keinerlei positive pädagogische Wirkung haben kann; hier bedürfte es lediglich eines Menschen mit Taktgefühl.

10.1.4. Behinderung des Lernens durch die Überbetonung des Prüfens

Das Prüfungsgebaren in vielen Schulen – vor allem in höheren – ist geradezu bildungsfeindlich: Die Schüler können zur Sache selbst keinen Bezug finden, weil überall das Netz von Prüfungen dazwischensteht. – Es bleibt keine Zeit, in Biologie über die Natur zu staunen, geschweige denn, sie draußen wirklich zu erleben; denn für die nächste Schulaufgabe müssen die verschiedenen Farne und die Art ihrer Fortpflanzung auswendig gelernt werden. Es ist dem Schüler nicht möglich, über das eigene, spontane Interesse an der fremden Sprache in sie hineinzuwachsen: Er wird von Extemporale zu Extemporale gehetzt, ohne zu erleben, daß Sprache ein Verständigungsmittel ist.

Die Abartigkeit des Prüfungswesens drückt sich besonders deutlich in den Lernbereichen aus, in denen eigentlich Freude vorherrschen sollte. Aber dem Schüler vergeht die Freude an Musik, wenn er – anstatt zu singen oder zu musizieren – endlos Kadenzen heruntersagen und aufschreiben muß, wenn er Kirchentonarten auswendig lernen soll, damit seine Musiknote festgelegt werden kann. Selbst im Turnen kann einem die Freude an der Bewegung vergehen, wenn der Lehrer in den Turnstunden, die nicht ausfallen, die Schüler in langen Reihen anstellen läßt, damit jeder seinen benoteten Bauchaufschwung mache. Und im Zeichnen kann es ähnlich sein, wenn jeder Strich dazu dient, eine ohnehin fragwürdige Note festzulegen.

In Gesprächen zwischen Schülern spielen interessante erd- oder naturkundliche, geschichtliche oder mathematische Tatsachen eine untergeordnete Rolle. Meist ist die Frage bedeutsamer, wie man den »Stoff« bewältigt, wie man sich durch die nächsten Prüfungen hindurchsteuern kann. Es geht weniger um die »Sache«, als um das Abwenden einer Bedrohung. Das Prüfungssystem kann richtiges Lernen geradezu verhindern: Es schiebt den Keil der Bedrohung, Ängstigung und Unterdrückung zwischen Sache und Schüler.

Es ist eine Ungereimtheit ohnegleichen, daß ein Mittel als Lernanreiz dienen soll, das eher das Gegenteil bewirkt. Der Schüler soll durch den Druck der Schulaufgaben und Extemporalien zum Lernen gezwungen werden; zugleich aber ist dieser angstmachende Druck ein Mittel, das das Lernen hemmt. Untersuchungen haben diesen Tatbestand immer wieder durch Zahlen erhärtet: So eine Untersuchung, in der eine Klasse unter dem üblichen Prüfungsdruck arbeiten mußte, eine andere Klasse jedoch entspannte, gelockerte Lernbedingungen erhielt. Das Ergebnis war eindeutig: Die Klasse ohne fortwährenden Prüfungsdruck und die damit verbundene Anspannung und Angst erreichte bessere Leistungen als die unter »normalen« Bedingungen – nämlich unter Prüfungsdrohungen – arbeitende. (*Metzger* 1960, S. 14 – 18)

Die Diktatur der Schularbeiten und Extemporalien und des Abfragezeremoniells bewirkt Druck und Anspannung. Unter Druck und Anspannung kann nicht wirkungsvoll gelernt werden. Was gelernt worden ist, wird nach der Probe vergessen. Zurück bleibt nicht das neue Wissen; zurück bleiben die Einstellungen und Gefühle der Angst und der Abwehr, die dieses System auslöst.

Lernpsychologische Befunde weisen darauf hin, wie wenig sich schöpferisches Arbeiten mit der üblichen angstmachenden Prüfungssituation verträgt. Es setzt spontanes, offenes Verhalten voraus, die Möglichkeit, persönlich zu urteilen und nicht nur ungeprüft Aussagen anderer zu übernehmen. Eigene Gedanken und Impulse können aber nur dann unbehindert geäußert werden, wenn der Schüler nicht unter Angstdruck steht. Das vorherrschende Schulklima begünstigt angepaßtes, wiederkäuendes, schematisches Denken; in ihm werden zum Beispiel kaum die schöpferischen Seiten falscher Antworten oder eigener Lösungswege oder Irrtümer aufgegriffen. Die Fragen des Kindes werden eher abgewertet oder beiseite geschoben. Der Schüler hatte bislang wenig Chancen, die Ansichten der Lehrer auf Grund eigener Überlegungen und Vorstellungen zurückzuweisen.

10.1.5. »Gefährdung« der Schüler in der Schule

Das heute übliche System der Schulaufgaben und Extemporalien versetzt einen Teil der Schüler fortwährend in Angst; diese sind andauernd in Gefahr. Und die Schule verbirgt auch gar nicht, daß sie junge Menschen gefährdet. Sie tut es offen kund, zum Beispiel in den Zeugnissen mit dem Vermerk »Gefährdet!«. Gewiß ist das Vorrücken in die nächste Jahrgangsstufe gemeint. Aber es trifft doch den Schüler ganz persönlich. – Was ist das für eine Einrichtung, die Kinder und Jugendliche in Gefahr bringt? Eine Einrichtung, in der zwar gesehen wird, daß jemand gefährdet ist, aber niemand tatkräftig zugreift, um dem Gefährdeten aus seiner Gefahr herauszuhelfen!

Daß ein Teil der gefährdeten Schüler ein sogenanntes »dickes Fell« bekommt, ist nicht beruhigend. Es zeigt sich, daß diese Gleichgültigkeit oft nur zur Schau getragen wird. In Wirklichkeit sind auch die scheinbar durch das Prüfungs-Drucksystem »abgestumpften» Schüler in einer inneren Dauererregung. – Und fragen wir uns wieder: Was ist das für eine Institution, in der man abstumpfen muß, um bestehen zu können? Und was erfahren jene Schüler, die nicht »gefährdet« sind, die sich nicht so unter Druck fühlen? – Entweder sie erkennen die Maßnahmen ihrer Schulen als richtig an und werden später selbst so rücksichtslos, wie es sie die Schule gelehrt hat. Oder –

feinfühliger geartet, erleben sie die Gefährdung der anderen in sich selbst mit.

Wenn wir von der Gefährdung der Schüler sprechen, gilt es außerdem zu bedenken, daß die von Haus aus benachteiligten Schüler auch hier wieder besonders betroffen werden. Das übliche Prüfungs- und Zensurenverfahren benachteiligt die Kinder der sozialen Unterschicht: Es wird geprüft, was diese gar nicht gelernt haben; es wird geprüft, was allein durch die geringe oder starke Unterstützung der Familie hervorgebracht wurde; es wird geprüft, was durch privaten Nachhilfeunterricht erworben wurde; es wird der Bildungsgrad der Eltern geprüft: von ihm hängt ab, inwieweit die Kinder Mithilfe erwarten können; es wird geprüft, ohne Rücksicht auf Milieunachteile. Die – ohne ihre Schuld – Schwächeren werden durch die Diktatur der Schulaufgaben und Extemporalien noch mehr geschwächt.

10.1.6. Ablehnung der Verantwortung für den Mißerfolg

Lehrer, die sich der Extemporalien-, Schulaufgaben- und Abfragediktatur bedienen, schieben eigenes Unvermögen auf die Schulklasse ab. Wer kennt nicht die Klagen über »schlechte Klassen« und »schlechte Jahrgänge«, mit denen das Versagen des Unterrichts verdeckt werden soll. Es kommt vor, daß die Ergebnisse von Schulaufgaben oder Extemporalien ihren Schwerpunkt zwischen der Note 4 und 5 haben, wie in dem folgenden Beispiel: Drei Schüler hatten die Note 2, sechs Schüler die Note 3, zehn Schüler die Note 4, dreizehn die Note 5 und acht Schüler die Note 6. Die Begründung für dieses Ergebnis wurde in der »schlechten« und »faulen« Klasse gesehen.

Daß ganze Klassen durch mit Schulaufgaben überfordernde Lehrer im Lernen gehemmt werden können, ist bekannt. So stellte ein Mathematiklehrer in sämtlichen Klassenarbeiten raffiniert ausgeklügelte Aufgaben, die nur ein kleiner Teil der Klasse lösen konnte. Der Notendurchschnitt lag bei allen Schulaufgaben zwischen 4,1 und 4,5. Ergebnis dieser schlechten Bewertungen und der unangemessenen Schulaufgabenanforderungen war schließlich, daß die Schüler das Fach haßten und noch mehr versagten. – Die Stellungnahme dieses Lehrers: eine schlechte Mathematikklasse, völlig uninteressiert und faul. Dieser Lehrer hatte nur »schlechte Mathematikklassen«, wie man leicht einsehen kann. Konsequenzen aus mißglückten Schulaufgaben und Extemporalien haben bei vielen Lehrern nur die anderen zu ziehen: Die Schüler sollen mehr lernen, die Eltern sollen ihren Kindern nachhelfen oder sie von der Schule nehmen. Ein Problem derart zu vereinfachen, ist nur möglich, weil der Lehrer mit sehr viel Machtfülle ausgestattet ist und der Schüler sehr viel schwächer, oft ohnmächtig ist. Und nirgends zeigt sich der beherrschende Unterrichtsstil deutlicher als in den Prüfungspraktiken.

Natürlich kommt es darauf an, wie intelligent, wie aufmerksam und fleißig ein Schüler ist. Aber ebenso kommt es darauf an, wie intelligent, wie aufmerksam und wie fleißig der Lehrer ist. Ein Lehrer, den Sache und Schüler wenig interessieren, wird kaum seine Schüler begeistern können. Er verursacht Lernunwillen – und bestraft dann die Schüler für etwas, das er selbst hervorgebracht hat. Solche Lehrer rächen sich dafür, daß ihre Schüler folgerichtig mit einer schlechten Leistung reagieren, indem sie ihnen schlechte Noten geben. Der Schüler wird doppelt bestraft: erstens, indem er schlechten Unterricht – oder gar keinen – erteilt bekommt, und zweitens, indem er für die daraus resultierende schlechte Leistung schlechte Noten erhält. Nur durch die Rechtlosigkeit der Schüler und die geringe Wehrhaftigkeit ihrer Eltern kann fortlaufend der »schlechte Schüler« verurteilt werden, ohne daß das Versagen der Schule als mitursächlich gesehen wird.

10.1.7. Prüfungsdruck als Ersatz für wirkungsvollen Unterricht

Unanschaulicher, langweiliger Leitfadenunterricht muß eine Klasse unaufmerksam machen. Eine Unterrichtsführung, bei der die Schüler überwiegend zu Passivität verurteilt sind, zum Stillsitzen und Zuhören, muß Passivität hervorrufen. Diese Passivität soll durch Prüfungsdrohung wieder in Aktivität verwandelt werden. Und damit wird die Situation geradezu abartig: Die Sache, die der Schüler lernen, an der er Interesse gewinnen soll, wird für ihn zur Strafe. Ist es da verwunderlich, daß er zur Sache selbst den Bezug eher verliert als gewinnt?

Viele Schulbücher tun das Ihre dazu, dem Lernen jeden Anreiz zu nehmen: Sie sind zum Teil so unlebendig, daß kein Mensch freiwillig in sie hineinblicken würde. Dabei gibt es Schulbücher, die das Lernen zur Freude machen.

Pädagogische Bemühung und Geschicklichkeit im Unterrichten werden also ersetzt durch den Druck, der durch die gefährdete Versetzung, das schlechte Zeugnis, die bevorstehende Abschlußprüfung auf die Schüler ausgeübt wird. Das durch diesen Druck noch Erreichte verhindert den Lehrer einzusehen, daß er selbst tatsächlich nichts erreicht hat. Und oft gewinnt man den Eindruck, daß die Kinder nicht durch die Schule, sondern trotz der Schule etwas lernen.

Häufig wird das Drucksystem der Schulaufgaben und Extemporalien damit begründet, daß soviel »Stoff« zu bewältigen sei: Man müsse in Mathematik noch unbedingt bis zu diesem Kapitel kommen, in Englisch das Buch zu Ende bringen, in Erdkunde noch so und so viele Länder durchnehmen. Wenn man jedoch genauer nachforscht, entdeckt man, daß es weniger die – ganz gewiß oft unsinnig große – Stoffülle ist, die zum Antreiben mahnt, sondern mangelnde Unterrichtsplanung und fehlende unterrichtsmethodische Bearbeitung des Stoffes. Es werden schulpädagogische Mängel, zum Beispiel eine unüberlegte Unterrichtsführung, hinter dem Vorwand des »Stoffes« versteckt.

Es ist eine bedenkliche Erscheinung, daß manchem Lehrer der »Stoff« bedeutsamer erscheint als Lernfortschritt und das Wohlergehen der Schüler. Daß es sich bei der verbreiteten Extemporalien-, Schulaufgaben- und Abfragewillkür um keine sachlichen Notwendigkeiten handelt, sieht ohnehin jeder Laie: Vielfach werden die Schüler dazu gezwungen, sich Lernstoff einzuprägen, der überflüssig und nutzlos ist und der schon wenige Tage nach dem Abfragen vergessen wird.

10.1.8. Die Notwendigkeit der Leistungskontrolle

Kritik am herkömmlichen Schulaufgaben- und Extemporaliensystem – mit dem dahinterliegenden Problem des Schulzeugnisses – bedeutet nicht, daß Leistungsprüfungen überflüssig wären. Aber die Leistungskontrollen dürfen nicht dazu dienen, einen Teil der Schüler fortlaufend herabzusetzen, zu ängstigen und zu entmutigen. Sie können vielmehr dem Lehrer die Orientierung verschaffen, um den einzelnen Schüler seinen Fähigkeiten entsprechend zu fördern. Prüfungen informieren den Lehrer darüber, wo der Schüler steht, damit er diesen bestmöglich fördern kann. Prüfungen dürfen nicht ein Mittel der

Auslese sein (Schüler werden »hinausgeprüft«). Sie sollen eine Maßnahme des Förderns werden: Der Schüler wird der für ihn angemessenen Lerngruppe zugeteilt und erhält die Lernhilfen, die er braucht. Im Modell der Gesamtschule können Prüfungen einen pädagogischen Sinn haben: Sie führen zu der Überlegung, wie dem einzelnen Schüler am besten weiterzuhelfen ist. Hier wird nach dem Schüler gefragt und nicht nach dem »Stoff«.

Leistungsprüfungen sind notwendig, weil der Schüler ein Leistungsbewußtsein erfahren will. Er möchte sehen, wie weit er gekommen ist und ob sich die aufgewandte Mühe gelohnt hat. Aber erfüllt diese Aufgabe das übliche Prüfungssystem? – Hier hat der Schüler oft nicht das Gefühl einer geglückten Leistung, sondern daß er wieder einmal »durchgekommen« ist, oder daß er es überstanden hat. Und in der häufig spannungs- und angsterfüllten Prüfungssituation kann er ohnehin nicht das leisten, was er in einer entspannten Arbeitssituation leisten könnte.

Leistungsprüfungen sind notwendig, um den Schüler in seinem Lernwillen zu bekräftigen und um ihn auf der Stufe zu fördern, auf der er steht. Daß das heute übliche System der Schulaufgaben diesen Zweck nicht erfüllt, ist offensichtlich.

10.1.9. Erfolgreiches Lernen ohne Prüfungsdruck

Die Schule würde besser sein und die Schüler könnten mehr leisten, wenn Prüfungsdrohungen und Prüfungsverfahren keinen so breiten Raum einnähmen. Allein an drei Punkten wird das deutlich:

1. Die Lehrer müßten sich gründlich überlegen, aus welchen Beweggründen heraus Schüler bereitwillig lernen. Sie müßten sich darüber informieren, was im Interessenbereich ihrer Schüler liegt und deshalb von diesen zupackend bearbeitet wird. Lehrer, die das immer schon tun, wissen, daß der Schüler nicht »von Natur aus faul und uninteressiert« ist, sondern daß es freie Lernfreude und Lernbereitschaft gibt, die von der Schule nur sehr oft verschüttet wird.

2. Alle Lehrer müßten sich sachlich und unterrichtsmethodisch vorbereiten. Das tun die meisten Lehrer zwar ohnehin. Die Schulaufgaben- und Extemporalien-Diktatoren aber tun es am wenigsten. Sie ersetzen eine vernünftige Stoffauswahl, eine wirksame Einführung des Lerngegenstandes, einen abwechslungs-

reichen und klar geordneten Unterricht durch die Drohung mit bevorstehenden schriftlichen und mündlichen Prüfungen. Und was dabei geprüft wird, ist oft nicht einmal das in der Schule Erfahrene und Gelernte. Es ist häufig das, was die Sklaven der Schule – vor allem die Mütter, aber auch Väter und ein Heer von Nachhilfelehrern – den Schülern beigebracht haben.

3. Die Schüler würden mehr lernen, weil sie in einer angstfreien Arbeitssituation Besseres leisten könnten als in einer Atmosphäre fortwährender Anspannung.

Die weithin üblichen Schulaufgaben- und Extemporalienpraktiken sollen das Lernen anregen und fördern; in Wirklichkeit aber gehen von ihnen lernhemmende Einflüsse aus.

Eine Abschaffung der Schulaufgabendiktatur würde auch den Mißstand deutlich machen, daß der Schüler wenig Anreiz verspürt, sich mit Lernstoffen auseinanderzusetzen, die weder jetzt für ihn sinnvoll, noch später zu gebrauchen sind.

10.2. Prüfungen – ohne Angst

Weil in den Schulen viel geprüft wird, erlebt ein Teil der Schüler fortwährend Angst vor Versagen. Bis zu einem gewissen Grad ist Angst in einer Prüfungssituation natürlich und sogar hilfreich: Sie setzt den Schüler in erhöhte Bereitschaft zum Handeln. Wer aber immerzu Angst haben muß, kann nicht erfolgreich lernen; denn Angst macht dumm.

Das herkömmliche Prüfungssystem in den Schulen ist unpädagogisch. Es ist weniger von dem Gedanken des Verstehens und Helfens erfüllt als von dem der Auslese. Oft wird gefordert, aber nicht gefördert. Das trifft besonders Kinder und Jugendliche mit nur mittleren intellektuellen Fähigkeiten. Für sie bedeuten die üblichen Prüfungsverfahren eine Kette von Entmutigungen. Die schwächeren Schüler werden also noch mehr geschwächt, wo gerade sie der Hilfe bedürften. Ihnen ist es oft nicht möglich, durch Mithilfe der Eltern oder durch Nachhilfeunterricht dem Netz unerbittlicher und zuweilen überfordernder Prüfungen zu entkommen.

Manche der praktizierten Prüfungsverfahren verstoßen gegen Grundeinsichten der Lernpsychologie. Der im Übermaß gehandhabte Prüfungsdruck verhindert das Lernen mehr als daß er es anregt. – Das hier kritisierte System gehört einer reformbedürftigen Schule an. Die Reformen – zum Beispiel Ganztagsschule, Gesamtschule – werden diskutiert und erprobt. Um in der Schule pädagogisch und lernpsychologisch zweckmäßiger vorzugehen, müßten wir jedoch nicht jahre- und jahrzehntelang warten. Angstfreier könnte die Schule schon heute sein.

Die folgenden Überlegungen gehen davon aus, daß Zwang und Angstmachen keine Mittel sind, um zum Lernen anzureizen und den Lernerfolg zu vergrößern. Angst vor Schulaufgaben, vor Extemporalien, vor schlechten Noten, vor Abgefragtwerden versetzt viele Schüler in eine Dauerspannung, die – abgesehen von psychischen und körperlichen Erkrankungen – das Lernen behindert. In den dargestellten Vorschlägen sind Erfahrungen, Beobachtungen, Überlegungen von Lehrern zusammengefaßt, die mit ihren Schülern partnerschaftlich zusammenarbeiten und die sich für den Lernerfolg verantwortlich fühlen.

10.2.1. Klare Vereinbarungen über den Prüfungsstoff

Wir gehen davon aus, daß der Lehrer bei seinen Schülern einen möglichst großen Lernerfolg anstrebt. Dazu muß er genau mitteilen, was zu lernen ist; er sollte eingehend mit der Klasse besprechen, welche Stoffgebiete zu erarbeiten sind. Den Schülern mitzuteilen, sie müßten ›lernen, was in der Schule durchgenommen wurde‹, ist zu wenig. Sie müssen genau erfahren, wie umfangreich die Prüfung ist, ob es sich um eine umfassende Arbeit handelt, die ein bestimmtes Thema betrifft, oder ob es sich um eine kürzere Leistungsfeststellung über einen Ausschnitt handelt. Es widerspricht lernpsychologischen Einsichten, die Schüler in Unsicherheit darüber zu lassen, was geprüft wird. Denn wenn die Prüfungen in manchen Schulen – mangels eines vernünftigeren und wirksameren Anreizes – dazu dienen, das Lernen anzuregen, dann müssen die Schüler wenigstens genau erfahren, was sie lernen sollen. Diese Mitteilung muß rechtzeitig geschehen, damit der Schüler Zeit hat, sich mit den vereinbarten Lernaufgaben zu befassen.

Durch Gespräche zwischen Schülern und Lehrern wird der Lernstoff genau abgegrenzt, und zwar so, daß er tatsächlich zu bewältigen ist. In gemeinsamer Überlegung können wichtige Fragen zusammengestellt werden, von denen einige in der Probe zu beantworten sind: Der Schüler erhält zum Beispiel zehn Fragen, drei davon kommen in der Prüfung dran. – Der Lehrer kann auch die Aufgabenarten genau bekanntgeben, die in der Probe zu bearbeiten sind. – Die den Schüler ängstigende Frage ›Was kommt dran?‹ nimmt ihm oft einen Teil seiner Arbeitsenergie. Diese Arbeitskraft kann wirksam gesteuert werden, wenn sich Lehrer und Schüler klar absprechen.

Noch weitergehend kann der Lehrer die Schüler mitwirken lassen, wenn er sie dazu anregt, in Gruppen Vorschläge zu erarbeiten für Aufgabenstellungen und für die Durchführung der Prüfung. Dadurch gewinnt der Prüfende nicht nur wichtige Hinweise über die Lerneinstellung der Schüler, sondern er kann sicher sein, daß in dem Schüler durch das Angebot der Mitarbeit Lernbereitschaft geweckt wird.

Lehrer, die auf Fragen der Schüler nach dem Inhalt der Prüfung keine Auskunft geben, sind entweder lernpsychologisch nicht informiert, oder sie sehen in der Prüfung ein Mittel, die Schüler unter Druck zu setzen: »Das würde euch so passen, wenn ich euch sagen würde, was drankommt.« – »Alles, was wir gelernt haben, kommt dran.« – »Das werdet ihr dann schon sehen.« – »Wer aufgepaßt hat, wird es schon können.« – »Ich sage gar nichts; ihr sollt nicht wissen, was drankommt.« Diese und ähnliche Bemerkungen verunsichern den Schüler und tragen nicht dazu bei, daß er mehr lernt. – Die Prüfungsanforderungen sollten also, womöglich schriftlich auf vervielfältigten Blättern, klar festgelegt werden.

Vielfach sind Schulprüfungen so angelegt, als sollte herausgefunden werden, was der Schüler *nicht* weiß. Hingegen ermöglichen verständnisvolle Lehrer ihren Schülern, in den Prüfungen das zu schreiben, was sie über den gelernten Gegenstand wissen; sie legen den Schüler nicht mit engen, ausgefallenen Fragen herein, sondern schaffen einen Raum, in dem er zeigen kann, was er gelernt hat.

Eine Kurzprüfung über die Wüste Sahara kann so sein, daß der Schüler ausgerechnet über die gestellten Einzelfragen wenig weiß. Gäbe hingegen der Lehrer einen breiteren Spielraum unter dem Gesichtspunkt: Was weißt du Interessantes über die Wüste Sahara? könnte der Schüler mit dem beginnen, was er noch gegenwärtig hat – und würde nicht gleich in die Lücken stürzen, die sich durch enge Fragen auftun. Außerdem könnte er auf diese Weise Kenntnisse aufzeigen, die er sich nicht nur aus Buch und Unterricht angeeignet, sondern aus anderen Quellen auf Grund persönlichen Interesses verschafft hat.

Zu den Vereinbarungen, die den Prüfungen vorausgehen, gehört auch das Festsetzen des Prüfungstermins. Es ist nichts gewonnen, wenn Schüler über Wochen hinweg mit einem angekündigten – oder angedrohten – Extemporale in Spannung gehalten werden. Hinter dieser Methode steckt keine pädagogische Überlegung, sondern ein Macht-Ausspielen. – In diesem Zusammenhang ist ein planloses Nebeneinanderherprüfen in verschiedenen Fächern zu kritisieren. Die Schüler werden durch mehrere Prüfungen in einer Woche geradezu gehindert, sich eingehend mit einem Stoffgebiet zu befassen.

10.2.2. Vorversuche und Gelegenheit zum Fragen

Der Lehrer sollte dem Schüler Gelegenheit geben, sich selbst zu kontrollieren. Zum Beispiel: In dieser Stunde haben wir viel Neues über Australien gelernt; überprüfe jetzt, ob du noch vier von sieben wichtigen Tatsachen zusammenbringst . . . – Oder: Diese Rechenart ist nicht einfach. Ich stelle euch drei Aufgaben; eine davon sollte jeder herausbringen; wer mehr richtig lösen kann, ist schon recht sicher.

Der Schüler darf also Situationen wahrnehmen, in denen er – ohne den Druck der Prüfung – sich selbst prüfen und daraus für das weitere Lernen folgern kann. – Durch Leistungskontrollen erkennt er die Lücken und stellt sich konzentriert auf die unsicheren Punkte ein. Dagegen gewinnen die häufig beobachteten Verfahren des Ausfragens im Unterricht in vielen Schulklassen geradezu bedrohlichen Charakter; besonders wenn sich der Lehrer des Zensuren-Büchleins bedient. Die fortwährenden Fremdkontrollen müßten mehr und mehr den Eigenkontrollen weichen.

Um der Prüfung das Bedrohliche zu nehmen, sollte der Lehrer die Schüler viel fragen lassen. Die Unterrichtsstunden, in denen Fragen unerwünscht sind, zeugen von der Allmachtseinstellung des Lehrers: Er nimmt die Schüler nicht ernst – oder er wehrt Fragen ab, weil er sie nicht beantworten kann. Dabei soll der Schüler doch sehen, was zu tun ist, wenn man auf eine Frage nicht antworten kann. – Lehrer, die Fragen ungern hören, drücken dadurch aus, daß sie die Schüler gering schätzen: Wie kann man so dumm fragen. Aber jeder Frage – auch der sogenannten dummen – geht ein Denken voraus; das Eingehen auf eine solche Frage ist deshalb besonders fruchtbar.

Natürlich muß das Angebot, die Schüler fragen zu lassen, echt sein. Der Aufruf »Wer hat noch eine Frage« kann so durchgeführt werden, daß kein Schüler zu fragen wagt. Und »Wer hat etwas nicht verstanden?« kann so klingen, daß sich der Schüler als »dumm« hinstellen müßte, wenn er sein Nicht-Verstehen kundtäte. Deshalb ist es gelegentlich hilfreich, die Schüler schriftlich fragen zu lassen – dann muß sich niemand vor der Klasse bloßstellen.

Der Lehrer sollte also in der Spanne zwischen dem Ankündigen einer Prüfung und ihrer Durchführung den Schülern fortlaufend Gelegenheit geben, sich selbst zu kontrollieren: Inwieweit beherrsche ich den geforderten Prüfungsstoff? Und die Schüler sollten in dieser Zeit dazu angeregt werden, ihre Fragen zu der bevorstehenden Prüfung zu stellen. Dies würde ein wesentliches Entspannungsmoment für die nachfolgende Prüfung darstellen.

10.2.3. Anweisungen für richtiges Lernen

Den Schülern zu sagen, *was* sie lernen sollen, ist zu wenig. Die Aufgabe des Lehrers besteht gerade darin, zu zeigen und einzuüben, *wie* man am vorteilhaftesten lernt: Wie der Schüler das Vorbereiten auf Tage verteilen kann, wann er halblaut oder still lernen soll, was schriftlich und was mündlich bearbeitet werden muß, welche Hilfsmittel herangezogen werden können und so fort.

Viele Schüler kommen nicht über gedankenloses Auswendiglernen und mechanisches Arbeiten hinaus, weil die Schule sie zu wenig in die Techniken geistigen Arbeitens einführt. Dabei wäre das die entscheidende Lernhilfe: *Wie* man aus der Landkarte Tatsachen über ein Land herauslesen kann; *wie* man einen Sachbericht nach seinem Gehalt so aufschließt, daß man sich viel merken kann; *wie* man sich die Wörter einer Fremdsprache vielseitig einprägt. – Oft bleibt es Eltern und Nachhilfelehrern überlassen, hier eine erfolgreiche Methode anzubieten. Da es eine Wissenschaft vom Lernen gibt, da es gesicherte lernpsychologische Einsichten gibt, die dem Schüler das Lernen erleichtern können, sollte auch die Schule mehr Gebrauch davon machen. Häufig wird im Unterricht die Methode praktiziert, die unter allen Lehrmethoden die wirkungsloseste ist: Der Lehrer redet – oft die ganze Stunde –, und die Schüler müssen passiv zuhören.

In diesem Zusammenhang ist zu fragen, weshalb die Schule es zum Beispiel für wichtig hält, die Schüler Latein zu lehren, aber für unwichtig, sie in Lernpsychologie zu unterweisen; weshalb eine systematisch fortlaufende Einführung in die Techniken geistigen Arbeitens nicht ebenso notwendig sein soll wie Grammatik usw. Es wird zwar vom lernorientierten Zeitalter gesprochen und davon, daß der Mensch künftig in seinem Leben mehrmals neu und umlernen müsse. In die Schule jedoch, in der vor allem gelernt wird, geht die Wissenschaft vom Lernen nur zögernd ein.

10.2.4. Die entspannte Prüfungssituation

Schüler arbeiten unter dem Druck der Prüfungssituation schlechter als in einer entspannten Situation; dies ist immer wieder nachgeprüft und bestätigt worden. So verglich man zum Beispiel bei 27 Schülern eines dritten Schülerjahrganges die Fehlerzahl in Übungsdiktaten mit der Fehlerzahl in Prüfungsdiktaten. Die meisten Schüler hatten beim Prüfungsdiktat eine höhere Fehlerzahl als in Übungsdiktaten. (*Metzger* 1967)

Sicher gehört ein gewisses Maß an Angst zu jeder Prüfung. Diese Angst sollte der Lehrer seinen Schülern nicht ausreden. Er kann eher versuchen aufzuzeigen, daß Angst hilfreiche Seiten hat: Sie macht bereit, sie aktiviert Kräfte im Körper, sie richtet die ganze Konzentration auf ein Ziel hin. Natürlich ist das nur dort so, wo die Angst nicht das natürliche Maß überschreitet und dadurch lähmend wirkt. – Wenn wir die Angst der Schüler ernst nehmen, fühlen sie sich selbst angenommen und verstanden. Eine mitleidige Einstellung des Prüfers macht den Schüler nicht sicher und hilft ihm damit auch nicht, Schwierigkeiten zu überwinden.

Am besten ist es, der Lehrer beginnt die Prüfung mit einem kurzen ermunternden Gespräch, das auf die gestellten Aufgaben hinführt. – Wichtig ist, von der äußeren Situation her keinen Ausnahmezustand zu schaffen: also die Prüfungsarbeit nicht mit einem Versetz-Zeremoniell zu beginnen, wodurch der Schüler von seinem gewohnten Nachbarn weggerissen oder in irgendeine Ecke verbannt wird. Wenn dieser bei seinem gewohnten Tischnachbarn bleiben will, ist das noch lange nicht mit dem Wunsch gleichzusetzen, er wolle abschreiben. – Von besonderen Maßnahmen, zum Beispiel dem Arbeiten in zwei Abteilungen mit verschiedenen Aufgaben, sollten die Schüler vorher unterrichtet werden.

Die Drohung »Wer abschreibt, bekommt eine 6!« trägt sicher nicht zu einem entspannten Arbeitsklima bei. Natürlich achtet der Lehrer darauf, daß die Schüler selbständig arbeiten, und er wird dies mit ihnen besprechen. Aber auch folgendes ist zu bedenken: Wo die Schüler versuchen, durch »Unterschleif« ihre Noten zu retten, ist meist auch die Schule an diesem Versuch beteiligt, sei es, daß die Schüler durch Überforderung tatsächlich in Bedrängnis gebracht werden, oder sei es auch, daß der Unterricht langweilig war, daß er die Schüler nicht zu eigenem Arbeiten anzuregen vermochte. Das Mogeln ist ein Produkt, das die Schule mitgeschaffen hat.

Zur entspannten Prüfungssituation gehört eine angemessene Arbeitszeit. Zwar müssen die Schüler lernen, eine Aufgabe in einer bestimmten Zeitspanne abzuschließen. Aber es ist auch zu bedenken, daß jeder Mensch ein unterschiedliches Arbeitstempo hat. Ein Schüler, der langsam arbeitet, muß deshalb noch nicht schlecht in seinen Leistungen sein. In Zeitdruck versetzt, kommt er jedoch in die hinderliche Lage, nicht das leisten zu können, was er eigentlich vermöchte.

Lehrer wenden gelegentlich ein, sie beobachteten keine Angst bei ihren Schülern; die angsteinflößende Wirkung der Prüfungssituation werde überbewertet. Eine psychologische Untersuchung (*Nickel/Schlüter* 1970) hat jedoch gezeigt, daß Lehrer die Angst ihrer Schüler nicht richtig einschätzen. Besonders die in autoritärem Führungsstil unterrichtenden Lehrer nehmen die Angst nicht wahr; die partnerschaftlich unterrichtenden hingegen haben ein zutreffendes Bild von der Angst ihrer Schüler, weil diese ihnen gegenüber ihre Angst eher eingestehen können. Die Untersuchung zeigte außerdem, daß leistungsschwache Schüler durchwegs ängstlicher sind als gute. Schulleistung und Angst scheinen sich gegenseitig zu beeinflussen. Das heißt, daß die Leistungsschwächeren, ohnehin schon Benachteiligten, in der Prüfungssituation besonders schlecht daran sind.

10.2.5. Das Verwenden von Hilfsmitteln

Daß die Schüler bei einer Probe Hilfsmittel verwenden dürfen, sollte selbstverständlich sein. Jeder Fachbereich hat seine besonderen Arbeitsweisen und Arbeitsmittel. Daher ist es von der Sache her gefordert, diese auch bei einer Prüfung anzuwenden. Eine Geographieprobe ohne Verwendung des Atlasses ist so wenig sachgerecht, wie wenn man eine Zugabfahrt ohne Fahrplan ausfindig machen wollte. Das Verwenden von Hilfsmitteln würde auf jenen Punkt hinlenken, der im Unterricht wesentlich sein sollte: die Schüler zu lehren, wie man lernt. So ist nicht einzusehen, weshalb beim Schreiben von Sachberichten Hilfsmittel verboten werden. Weshalb soll sich der Schüler nicht im Lexikon informieren, wenn er eine Lücke in seiner für den Bericht notwendigen Sachkenntnis entdeckt? Wäre es nicht angebracht, den Gebrauch des Bilder-Dudens oder anderer Nachschlagwerke zu erlauben oder gar anzuregen? Weshalb soll der Schüler nicht nach einem Wörterbuch mit sinnverwandten Ausdrücken greifen, wenn er an einer bestimmten Stelle einen treffenden Ausdruck sucht? – Daß solche Fragen gestellt werden müssen, hängt mit der unheilvollen Vermischung von Lehren und Prüfen zusammen.

So gehört es im Fremdsprachenunterricht zu einer der wichtigsten Techniken des Lernens, mit einem Wörterbuch richtig umzugehen. Vielfach wird jedoch auf das sorgfältige Einführen dieser Arbeitstechnik und ihre fortlaufende Einübung kaum Zeit verwendet. Die Schule fordert zwar Selbständigkeit der Schüler, wenn man aber genau hinsieht, gewinnt man den Eindruck, als verhindere sie gleichzeitig das Selbständigwerden.

Vielen Prüfungen nach zu urteilen ist es für das spätere Bewältigen von Aufgaben wichtig, etwas auswendig herunterzusagen. Oft wird nur das Gedächtnis der Schüler geprüft; andere intellektuelle Fähigkeiten kommen zu kurz. – Sicher gibt es in jedem Fach bestimmte Tatsachen, die man wissen muß. Aber es sollte uns kritisch stimmen, daß wir vieles nur von heute auf morgen gelernt und dann für alle Zeiten vergessen haben. Von daher gesehen wäre zu überlegen, weshalb Schüler eigentlich – anstelle des oft gedankenlosen Auswendiglernens – für die Prüfung nicht Notizen vorbereiten und verwenden dürfen, die sie dann mit der schriftlichen Arbeit abgeben. Der Lehrer kann seine Frage durchaus so formulieren, daß nicht der vorbereitete Text abgeschrieben wird. Die Vorbereitung würde dadurch sinnvoller. Und in der Arbeitssituation selbst könnte sich der Schüler auf wesentlichere Vorgänge konzentrieren als auf das Herunterhaspeln eingelernter Merksätze.

10.2.6. Die rasche Rückgabe der Klassenarbeiten

Auch dies ist eine lernpsychologische Tatsache, die in vielen Schulen kaum beachtet wird: Die Lernbereitschaft des Schülers steigt, wenn er möglichst rasch über das Ergebnis seiner Arbeit informiert wird. Der Schüler braucht eine »Rückmeldung«, eine Bestätigung seiner Leistung. Je rascher diese bestätigende Information erfolgt, um so positiver wirkt das auf den Lernwillen. Wenn hingegen zwischen einer Schulaufgabe und ihrer Rückgabe Wochen vergehen, kann die Beurteilung dieser Arbeit kaum bekräftigend, also lernanreizend wirken. – Die rasche Rückgabe einer schriftlichen Prüfung ist auch deshalb wichtig, weil die Schüler noch einen Bezug zur Aufgabenstellung haben sollen. Wenn die Schularbeit erst nach Wochen besprochen wird, fehlt das Interesse, oft ist der Stoff bereits überholt.

Die überlangen Wartezeiten zwischen Prüfung und Bekanntgabe des Ergebnisses haben noch eine andere Seite: Die Schüler erleben es als Geringschätzung und Gleichgültigkeit gegenüber ihrer Arbeit, wenn der Lehrer sie so lange warten läßt. Außerdem ist es für einen Teil von ihnen quälend, wochenlang ängstlich auf das Ergebnis warten zu müssen. Daß Lehrer bei hohen Klassenziffern oft nicht anders können, als Arbeiten liegenzulassen, ist verständlich. Hier geht es aber um jene Fälle, in denen das Ausmaß der Wartezeit unnötig überschritten wird.

Bei der Rückgabe von Schulaufgaben sind die Schüler dem Lehrer dankbar dafür, wenn er so taktvoll ist, solche mit schlechten Leistungen nicht bloßzustellen. Viele erleben es als inquisitorisches Zeremoniell, wenn Ergebnisse öffentlich bekanntgegeben oder auch die Schulaufgaben in der Reihenfolge der Zensuren ausgeteilt werden, oder wenn gar vor der ganzen Klasse auf besonders mißglückte Arbeiten hingewiesen wird. Hat ein Schüler schlecht gearbeitet, dann ist er in der Regel ohnehin davon betroffen. Eine öffentliche Herabsetzung kann nur die Entmutigung verschärfen und den Lernwillen schwächen.

10.2.7. Rechenschaft ablegen durch Lehrer und Schüler

Das Ergebnis einer Schulaufgabe sollte dazu veranlassen, daß der einzelne Schüler sowie Klasse und Lehrer eine Nachüberlegung anstellen: Hätte sich der Schüler sorgfältiger vorbereiten müssen? War der Stoff zu umfangreich? War der Schwierigkeitsgrad zu hoch? Trat eine Schwierigkeit zutage, die *alle* Schüler betraf? War das Thema zu einseitig oder zu eng gestellt? Reichte die Arbeitszeit nicht aus? Was haben alle gekonnt und was nur einige? Woran kann es liegen, daß dieser Schüler ganz versagte? Wie ist der Klassendurchschnitt? Auf welcher Notenstufe liegt das Schwergewicht? – Schüler *und* Lehrer sollten sich gemeinsam bemühen, die Ergebnisse der Prüfung zu untersuchen und daraus zu folgern.

In diesem Punkt machen es sich manche Lehrer zu leicht. Eine »schlechte« Klassenarbeit wird oft einzig auf das Versagen der Klasse zurückgeführt. – Auf der anderen Seite neigen die Schüler dazu, dem Lehrer die Schuld für ihre mißglückte Arbeit zuzuschreiben. Deshalb ist eine gemeinsame Besinnung über das Ergebnis der Prüfung anzustellen.

Die Schule darf sich nicht versteckt oder offen weigern, ihre eigentliche Aufgabe zu übernehmen: zu unterrichten und zu erziehen. Indem sie nur lehrt, prüft und zensiert, schiebt sie die Schuld für mangelhafte Leistungen den Schülern zu, deren geringer Begabung und Lernanstrengung. In vielen Situationen führt selbst ein hoher Prozentsatz von Schulversagern nicht zu der Überlegung, ob das möglicherweise mit der Art der Unterrichtsführung zusammenhängen könnte. Wenn von fünfundvierzig Schülern siebzehn das Schuljahr wiederholen müssen oder wenn von dreißig Schülern bei einer Prüfungsarbeit nur drei befriedigende Leistungen zeigen, dann dürfte es meist nicht schwer sein, einen Zusammenhang zur Unterrichtsweise herzustellen.

Manche Lehrer distanzieren sich nach einer nicht befriedigenden Schulaufgabe von ihrer Klasse. Sie begeben sich in eine moralische Vorwurfshaltung und tun so, als hätten sie mit der Sache nichts zu tun. Partnerschaftlich unterrichtende Lehrer hingegen schließen sich in den Mißerfolg der Lerngruppe mit ein und versuchen Impulse zum Bessermachen zu geben. Solche Lehrer sagen nicht: »Ihr habt schlecht gearbeitet!«, sondern etwa: »Ich war mit unserer letzten Schulaufgabe nicht zufrieden. Wir versuchen jetzt herauszufinden, wo die Schwierigkeiten liegen, und werden sie gemeinsam anpacken.« Das gibt einen wirksameren Anreiz zum Weiterarbeiten als ein Herabsetzen der Klasse. Der Lehrer fühlt sich hier für eine nicht befriedigende Arbeit wesentlich mitverantwortlich und sagt dies auch der Klasse. Dadurch kann er mit einer gesteigerten Lernbereitschaft seiner Schüler rechnen.

10.2.8. Die Chance zur Leistungsverbesserung

Der Lehrer sollte den Mut zum Eingeständnis haben, wenn er die Schulaufgabe zu schwer gestellt oder die Schüler unzureichend vorbereitet hat. Eine mißglückte Arbeit könnte dann unter günstigeren Bedingungen wiederholt werden. Und nebenbei hätten die Schüler eine partnerschaftliche, demokratische Verhaltensweise erlebt.

Ihren angsteinflößenden Charakter erhält die Schulaufgabe ja gerade durch ihre Unkorrigierbarkeit. Die Schulaufgaben werden wie unantastbare Dokumente behandelt, anstatt dem Schüler die Chance zu geben, seine mißglückte Leistung zu verbessern. Möglichkeiten zu schaffen, eine daneben geratene Prüfungsarbeit zu wiederholen, erschiene zweckvoller als die mancherorts eingeführten Nachprüfungen für Schüler, die das Klassenziel nicht erreicht haben. Diese Nachprüfungen sind zwar eine Chance und werden deshalb von vielen Schülern und Eltern als Erleichterung empfunden: Man hat in den Ferien Zeit, sich vorzubereiten und durch erhöhten Fleiß doch noch die Versetzung in die nächste Klasse zu erreichen. Aber bei diesen Nachprüfungen wird deutlich, daß die Schule mit dem Mißerfolg des Schülers wenig zu tun haben will: Sie schickt ihn in die Sommerferien mit der Auflage, das »Versäumte« nachzuholen. Der vielfach ohnehin überforderte Schüler wird dann teilweise seiner Ferien beraubt, und seine Eltern müssen viele hundert Mark hinlegen, um die Nachhilfestunden zu bezahlen. Hier könnten »Nachprüfungen« innerhalb des Schuljahres weit zweckmäßiger sein.

Die Unkorrigierbarkeit einer mißglückten Arbeit treibt den Schüler in Resignation. Hingegen würde die Chance des Bessermachens, des Auswetzens einer Scharte, die Lernanstrengungen vergrößern. Deshalb sollte der Lehrer mit den betreffenden Schülern gemeinsam überlegen, auf welchem Weg diese ihren

Mißerfolg auf die schnellste Weise ausgleichen können, zum Beispiel durch freiwillige »Ausgleichsprüfungen« während und am Ende des Schuljahres.

Wenn wir das Gemeinsame der hier aufgeführten Vorschläge herausgreifen, dann ist dies die Wendung vom distanziert-autoritären Erziehungsstil des Lehrers zur partnerschaftlichen Arbeit mit dem Schüler. Ein Lehrer, der in persönlichem Kontakt zu seinen Schülern steht, wird die Schulaufgaben und Extemporalien nicht als Machtmittel mißbrauchen. Er verleugnet auch in der Prüfungssituation diesen persönlichen Bezug nicht. Daher wird er die Schüler nicht als Nummer vor sich sehen, die er dann mit einer Ziffer versieht, sondern als Kinder und Jugendliche mit persönlichen Wünschen, Hoffnungen, Ängsten und Konflikten. Er sieht also Personen vor sich, die seiner Hilfe und seiner fachkundigen Führung bedürfen, die Ermunterung und Ermutigung brauchen. Das übliche Prüfungs- und Zensurensystem unterstützt die verhängnisvolle Beziehungslosigkeit, in der ein Teil der Lehrer seinen Schülern gegenübersteht. Auch aus diesem Grund ist das herkömmliche Benotungsverfahren unzulänglich und müßte von Grund auf verändert werden. Umgekehrt aber gibt es heute schon Lehrer, die ihre Beziehung zu den Schülern nicht um eines unpädagogischen Systems willen verleugnen.

10.2.9. Die Schule als Lebensspiel

Die Schulen würden ihren oft lernhemmenden Charakter verlieren, wenn sie sich als Stätte des »Lebens-Spiels« für Kinder und Jugendliche verstünde; eines Lebens-Spiels mit dem ernsthaften Charakter, den für Kinder das Spiel hat; aber eben nicht mit dem bedrohlichen Charakter, den zum Beispiel die lernbehindernden Prüfungsverfahren oft haben. Die Schule soll den Schülern »Lust zum Leben machen und ihnen Stütze und Anhalt bieten in einer Lebenszeit, in der sie durch die Bedingungen ihrer Entwicklung genötigt werden, ihren Zusammenhang mit dem elterlichen Hause und ihrer Familie zu lockern. Es scheint mir unbestreitbar, daß sie dies nicht tut und daß sie in vielen Punkten hinter ihrer Aufgabe zurückbleibt, Ersatz für die Familie zu bieten und Interesse für das Leben draußen in der Welt zu erwecken . . . Die Schule darf nie vergessen, daß sie es mit noch unreifen Individuen zu tun hat, denen ein

Recht auf Verweilen in gewissen, selbst unerfreulichen Entwicklungsstadien nicht abzusprechen ist. Sie darf nicht die Unerbittlichkeit des Lebens für sich in Anspruch nehmen, darf nicht mehr sein wollen als ein Lebensspiel.« (*Freud* VIII, S. 62)

Zusammenfassung:

Prüfungen können zum primitiven Mittel werden, die Schüler in Schach zu halten. Mit Stegreifaufgaben, Abfragen und Schulaufgabendrohungen, mit Verschärfung des Beurteilungsmaßstabes soll Wohlverhalten erzwungen oder störendes Verhalten bestraft werden.

Auch Lehrer, die partnerschaftlich unterrichten, müssen den guten Kontakt zum Schüler verleugnen, weil sie den Schüler auf Grund von Prüfungsordnungen be- und verurteilen sollen. Der mit strenger Benotung erstrebte »heilsame Schrecken« ist in den wenigsten Fällen heilsam; er wirkt sich lernhemmend aus.

Die Überbetonung des Prüfens - an Stelle des Lernens – läßt die Schüler keine Beziehung zur Sache finden. Durch die enge Verknüpfung von Lerngegenstand und Prüfungsdruck erwächst im Schüler der Wunsch, diesen Gegenstand zu meiden. Nicht mehr die Sache steht für ihn im Vordergrund, sondern Bedrohung, Ängstigung und Unterdrückung, die mit dieser Sache verknüpft sind, und die Abwendung dieser Gefahr.

Der Schüler kann in angespannter Situation nicht so erfolgreich arbeiten wie unter entspannten Bedingungen. Besonders schöpferisches Arbeiten verträgt sich nicht mit der üblichen Prüfungssituation.

Wo immer Leistungsprüfungen notwendig sind, muß sich der Lehrer überlegen, wie er günstige Lern- und Prüfungsbedingungen schaffen kann. So sollte er den Schülern genau mitteilen, welches Wissen und Können die Prüfung verlangt. Diese Mitteilung muß rechtzeitig geschehen, damit der Schüler Zeit hat, sich mit den vereinbarten Lernaufgaben zu befassen.

Günstig ist es, wenn die Schüler beim Festlegen der Prüfungsanforderungen mitwirken können, wenn also Lehrer und Schüler gemeinsam über die bevorstehende Prüfung sprechen. Die Aufgabenstellung soll den Schüler nicht auf Einzelfragen einengen, sondern ihm ermöglichen, das zu zeigen, was er über einen bestimmten Gegenstand weiß.

In der Zeit zwischen Ankündigung und Prüfung sollte der

Schüler Gelegenheit haben, das zu versuchen, was von ihm erwartet wird; er muß außerdem wissen, daß er bei Schwierigkeiten den Lehrer fragen kann.

Wie sich die Schüler auf die Prüfung vorbereiten, darf nicht dem Zufall überlassen bleiben; der Lehrer muß seine Schüler in die Lerntechniken einführen.

In der Prüfung selbst sollten fachgerechte Hilfsmittel verwendet werden dürfen: Atlanten, Duden, Wörterbücher und dergleichen. Dadurch würde nicht nur der Prüfung ein Anspannungsmoment genommen, sondern es könnte das im Übermaß geforderte Auswendiglernen vermieden werden.

Die Prüfungssituation sollte möglichst wenig Ausnahmesituation sein, sondern trotz konzentrierter Anspannung, die eine Prüfung erfordert, eine lockere Arbeitssituation darstellen.

Der Schüler soll die Prüfungsarbeit rasch zurückbekommen. Er ist dann noch vertraut mit dem bearbeiteten Stoff; außerdem kann die Bestätigung seiner Leistung lernanreizend wirken. Die Rückgabe muß so erfolgen, daß Schüler nicht durch eine mißglückte Arbeit bloßgestellt werden.

Lehrer und Schüler sollten nach einer Prüfung gemeinsam überlegen, ob das Ergebnis zufriedenstellend ist. Es ist offenkundig, daß Lehrer, die den Schülern allein die Schuld für eine mißglückte Arbeit aufbürden, von ihrem eigenen Versagen ablenken wollen.

Umgekehrt müssen auch die Schüler einsehen, daß sie der Situation nicht gerecht werden, wenn sie ihrerseits alle Verantwortung auf den Lehrer abwälzen.

Die Schule darf ihre Aufgabe nicht darin sehen, zu prüfen und zu zensieren; sie sollte mehr Verantwortung für den Lernerfolg übernehmen. Partnerschaftlich unterrichtende Lehrer schließen sich in Erfolg und Mißerfolg der Lerngruppe ein und geben Impulse zum gemeinsamen Anpacken von Schwierigkeiten.

Gewiß wären viele äußere Veränderungen im Schulsystem nötig, damit die Leistungsprüfungen nicht mehr den Charakter des Auslesens hätten, sondern ein Mittel der Förderung des einzelnen Schülers würden. Aber noch ehe solche Veränderungen eintreten, hat der einzelne Lehrer einen breiten Spielraum, Prüfungen so zu gestalten, daß sie nicht lernhemmend wirken.

Literatur

Dieses Verzeichnis enthält nur Werke, die in der vorliegenden Arbeit zu Grunde gelegt wurden.

Bettelheim, B.: Liebe allein genügt nicht. Die Erziehung emotional gestörter Kinder. Stuttgart 1970. (Klett)

Bittner, G. / Rehm, W.: Psychoanalyse und Erziehung. Stuttgart 1964. (Huber)

Boehm: In: Zeitschrift für psychoanalytische Pädagogik, Band VI, 1932, S. 135.

Bornstein-Windholz, S.: Psychoanalytische Pädagogik. In: Bittner/Rehm: Psychoanalyse und Erziehung. Bern 1964. (Huber)

Brocher, T.: Schule ohne Sozialerziehung. In: Neue Sammlung 1967, S. 429.

Buxbaum, E.: Die Rolle der Eltern in der Ätiologie der Lernstörungen. In: Psyche, Band XX/3, 1966.

Dahrendorf, R.: Bildung ist Bürgerrecht. Hamburg 1968. (Wegner)

Deutscher Bildungsrat: Strukturplan für das Bildungswesen. Bonn 1970.

Dührssen, A.: Psychogene Erkrankungen bei Kindern und Jugendlichen. Göttingen [4] 1962. (Verl. f. med. Psychologie)

Elhardt, S.: Tiefenpsychologie. Eine Einführung. Stuttgart 1971. (Urban Tb. 136)

– Über gesunde und neurotische Aggression. In: Schelkopf/Elhardt: Aspekte der Psychoanalyse. Göttingen 1969. (Verl. f. med. Psychologie)

Evers, C. H.: Versäumen unsere Schulen die Zukunft? Düsseldorf 1971. (Econ)

Freud, S.: Gesammelte Werke. Bände VII, VIII, X. Neue Folge der Vorlesungen zur Einführung in die Psychoanalyse. Gesammelte Werke Band XV.

Frijling-Schreuder, E.: Übertragung und Gegenübertragung in der psychoanalytischen Kindertherapie. In: Biermann, G. (Hg.): Handbuch der Kinderpsychotherapie Band I, München 1969. (Reinhardt)

Fromm-Reichmann, F.: Pädagogische Diskussionsbemerkungen zur psychoanalytischen Trieblehre. In: Bittner/Rehm: Psychoanalyse und Erziehung. Bern 1964. (Huber)

Fürstenau, P.: Zur Psychoanalyse der Schule als Institution. In: Das Argument. Berliner Hefte für Probleme der Gesellschaft. 1964/ Heft 6.

Görres, A.: Methode und Erfahrungen der Psychoanalyse. München [2] 1962. (Kösel)

Hacker, E.: Aggression. Die Brutalisierung der modernen Welt. Wien 1971. (Molden)

Hellbrügge, Th.: Der Aktivitätsverlust - Problem für Kinder und Jugendliche unserer Zeit. Südwestfunk, Elternschule. 17. April 1972.
Hentig, H. von: Wie hoch ist die Höhere Schule? Stuttgart 1962. (Klett)
Höchstätter, W. K.: Die psychoanalytischen Grundlagen der Erziehung. Starnberg 1970. (Raith)
Kohl, H. R.: antiautoritärer unterricht in der schule von heute. Hamburg 1971. (rororo 6699)
Lehrerbildung und Lehrerbild. Ein Beitrag der Hochschul-Kommission des Bayerischen Lehrer- und Lehrerinnenverbandes. München 1971.
Leonard, G. B.: Erziehung durch Faszination. München 1971. (Piper)
Lorenz, K.: Das sogenannte Böse. Wien 1963. (Borotha-Schoeler)
Lüders, W.: Lern- und Leistungsstörungen. In: Psyche Band XXI/12, 1967.
Meng, H.: Zwang und Freiheit in der Erziehung. Stuttgart [3] 1961. (Huber)
Metzger, W.: Stimmung und Leistung. Die affektiven Grundlagen des Lernerfolgs. Münster [4] 1967. (Aschendorff)
Mitscherlich, A.: Kampf gegen Aggression und Dummheit. Süddeutsche Zeitung, 13. Oktober 1969, Nr. 245.
Müller-Bek, H.: Das Berufsmilieu des Volksschullehrers. In: Psyche Band XII, Stuttgart 1958.
Müller-Eckhard, H.: Schule und Schülerschicksal. Göttingen 1955. (Verl. f. med. Psychologie)
Neuhäusler, A.: Berufene, Unberufene, Spätberufene. In: Süddeutsche Zeitung, 20./21. September 1969.
– Das Dressurzeitalter geht zu Ende. In: Süddeutsche Zeitung, 5./6. Januar 1972.
– Prüfung der Prüfer. In: Süddeutsche Zeitung, 25./26. Mai 1968.
Nickel, H. / Schlüter, P.: Angstwerte bei Hauptschülern und ihr Zusammenhang mit Leistungs- sowie Verhaltensmerkmalen, Lehrerurteil und Unterrichtsstil. In: Zeitschrift für Entwicklungspsychologie und Pädagogische Psychologie 1970/Heft 2.
Reik, Th.: Das Ritual. Leipzig 1928.
Richter, H. E.: Eltern, Kind und Neurose. Stuttgart [2] 1967 (Klett) und Hamburg 1969. (rororo 6082/83)
Riemann, F.: Grundformen der Angst. München 1961. (Reinhardt)
Scheunert, G.: Zum Problem der Gegenübertragung. In: Psyche, Band XIII/10, 1960.
Schiefele, H.: Motivation im Unterricht. München [3] 1968. (Ehrenwirth)
– Lernmotivation und Motivlernen. München 1974. (Ehrenwirth)
Schneider, E.: Psychoanalyse und Lehrerbildung. In: Zeitschrift für psychoanalytische Pädagogik, Band III, 1929.

Schottlaender, F.: Die Mutter als Schicksal. Stuttgart 1947.

Schraml, W. J.: Einführung in die Tiefenpsychologie für Pädagogen und Sozialpädagogen. Stuttgart 1968. (Klett)

Schultz-Hencke, H.: Der gehemmte Mensch. Stuttgart ²1965. (Thieme)

Singer, K.: Aufsatzerziehung und Sprachbildung. München ⁵ 1974. (Ehrenwirth)

– Lebendige Lese-Erziehung. München ⁷ 1973. (Ehrenwirth)

– Lernhemmung, Psychoanalyse und Schulpädagogik. München ² 1974. (Ehrenwirth)

– Plädoyer für die Abschaffung der Leselektion. In: Das Seminar - Blätter für Lehrerfortbildung. 1972/Heft 4.

Stengel, E.: Prüfungsangst und Prüfungsneurose. In: Federn/Meng: Psychoanalyse und Alltag. Bern 1964 und München (Goldmann Tb. 1682)

Tausch, R. u. A.: Erziehungspsychologie. Göttingen ⁵ 1970. (Verl. f. Psychologie)

Vinnai, G.: Leibeserziehung: .frisch, fromm, fröhlich – unfrei? In: Beck/Schmidt: Schulreform oder Der sogenannte Fortschritt. Hamburg 1970. (Fischer 1121)

Watson, G.: in summerhill: pro und contra. 15 ansichten zu A. S. Neills theorie und praxis. Hamburg 1971. (rororo 6704/05)

Wissenschaftsrat: Empfehlungen zur Struktur und zum Ausbau des Bildungswesens im Hochschulbereich nach 1970. Band 2, Bonn 1970.

Zöller, J. O.: Sport, Gesellschaft und Politik. In: Politische Studien. Heft 204, Juli/August 1972. München 1972. (Olzog)

Zulliger, H.: Bausteine zur Kinderpsychotherapie. Bern 1957. (Huber)

– Die Angst unserer Kinder. Stuttgart 1966. (Klett)

– Schwierige Kinder. Bern und Stuttgart ⁴ 1958. (Huber)

Stichwortverzeichnis

Namenverzeichnis

Ausführliches Inhaltsverzeichnis

10. Gestörtes Lernen durch Prüfungsdruck